梁启超传

吴其昌◎著

吉林人民出版社

图书在版编目（CIP）数据

梁启超传 / 吴其昌著. —长春：吉林人民出版社，2018.4

（大师传记系列 / 刘清越主编）

ISBN 978-7-206-14807-1

Ⅰ. ①梁… Ⅱ. ①吴… Ⅲ. ①梁启超（1873–1929）—传记 Ⅳ. ①B259.1

中国版本图书馆 CIP 数据核字（2018）第 070226 号

梁启超传

著　　者：吴其昌

主　　编：刘清越

责任编辑：翁立涛

开　　本：650mm × 960mm　1/16

字　　数：184 千字

印　　张：16

版　　次：2018 年 6 月第 1 版

印　　次：2023 年 5 月第 2 次印刷

出　　版：吉林人民出版社

印　　刷：天津兴湘印务有限公司

定　　价：39.80 元

目录

梁启超传

梁启超自传

梁启超传

吴其昌

第一章　一世纪来中国之命运

——从鸦片战争至梁氏诞生的前夕

第一节　绪　说

孟子说："知人论世。"我们要知道一个人全部的事业，了解他全部的心境，欣赏他全部的风度，认识他全部的学问，然后才能公正地评判他生平的价值。所以我们要做这个人的传记，必须暂时把我的神魂，钻入这个人的时代，并立于这个人的环境，透视了这个人的情绪、性格，然后能做亲切有味的描写、客观无私的综述，并且才可成功书写一部鲜活的信史。

中国这一百年来（一八四二至一九四三）的命运，真正是从乐土跌入了地狱，又从地狱爬回到乐土，一个四千年历史上从未有的大转捩期。在道光二十年（一八四〇）鸦片战争以前，中国虽然内部已经空虚，但外表承乾嘉余荫，还是金光灿烨！南京条约以后，绑上第一条枷锁！割了第一块骨肉！以后一条一条地绑上无量数的枷锁：一块一块地割了无量数的骨肉！受着这样"凌迟"的惨刑，简直堕入地狱的底层，最惨痛苦楚的时期，正在这一百年的中间。自甲午（一八九四）中日之战，至庚子（一九〇〇）联军之役，那时瓜分的酷刑，已为全世界所宣判定了。稍有血性的国民，都想蹈东海而自杀：陈天华就是著名的代表之一。梁启超，正是生长在这个最黑暗地狱底层的有血有泪有志气的一位满身创伤的青年。他也屡次想跳海而死，但他坚决地相信中国必然不亡，并且断然复兴，所以他在全然无望之中，挣扎奋斗。但是，可怜，他到死始终不见义师的统一中华。他是在黑暗地狱中过了一生的“盲鱼”！虽然他的心是不盲的。别人我不知道，使我而处在梁氏的时代，我恐怕要终日恸哭呕血而死了。

第二节　梁氏生前中国一般的惨况

一　陷落于绝望的深渊

我们现在来回头看看梁氏的时代与环境：

> ……我国民全陷落于失望时代。希望政府，政府失望！希望疆吏，疆吏失望！希望政党，政党失望！希望自力，自力失望！希望他力，他力失望！忧国之士，溢其热血，绞其脑浆，于彼乎？于此乎？惶惶求索者有年，而无一路之可通；而心血为之倒行，脑浆为之瞀乱！……（《饮冰室自由书》）

所以康有为吟着“或劝蹈海未忍去，且歌《惜誓》留人间”的诗，后来梁启超还是告其友明水：“使中国而诚无可为，我惟有蹈东海以死耳！”到底那时环境的现状是怎么样的呢？西洋浪人所常常举例宣传，乃至照片绘画中的鸦片、八股、小脚、长辫、笞臀、杀头、花酒、磕头等怪状，这是最粗浅的有形的外症，人人所知道的。如果稍微放眼深刻地一看，那就更可悲了。

二　天灾·人祸

放眼先展望那时代整个的国家，则是：

> ……地利不辟，人满为患。河北诸省，岁虽中收，犹道殣相望。京师一冬，死者千计。一有水旱，道路不通，运赈无术：任其填委，十室九空。滨海小民，无所得食，逃至南洋美洲诸地，鬻身为奴，犹被驱迫……驯者转于沟壑，黠者流为盗贼。教匪会匪，蔓延九州，伺隙而动。工艺不兴，商务不讲，土货日见减色，而他人投我所好，制造百物，畅销内地。漏卮日甚，脂膏将枯。（《论不变法之害》）

三　道德的堕落

以上还可以委之于自然及外来之灾祸！然而亡清末年的“汉族奴才”，经过三百年恐怖的大淫威的压迫，其制造奴根性的政策，居然成功，汉人那时不免大部分呈现着可悲痛的症象。《因明集》有一首古乐府名“奴才好”，刻画得透彻淋漓：

> 奴才好，奴才好。勿管内政与外交，大家鼓里且睡觉。古人有句常言道：“臣当忠，子当孝。”大家切勿胡乱闹。满清入关三百年，我的奴才做惯了。他的江山他的财，他要分人听他好。转瞬洋人来，依旧要奴才。他开矿产我做工，他开洋行我细崽，他要招兵我去当，他要通事

> 我也会。内地还有“甲必丹”，收赋治狱荣巍巍。……什么流血与革命，什么自由与均财……我辈奴仆当戒之，福泽所关慎所归。“大金”“大元”“大清朝”，主人国号已屡改；“大德”“大法”“大日本”，换个国号任便戴！奴才好，奴才乐，世有强者我便服！三分刁黠七分媚，世事何者为龌龊……灭种覆族事遥遥，此事解人几难索？……奴才好，奴才好，奴才到处皆为家，何必保种与保国！

这是蒋智由先生沉痛的血泪，今日吾辈青年读之，真欲怒发冲冠，而在当时可并不认为是严重的怪象。这种“严重的怪象”，真所谓“国家将亡，必有妖孽”。绝不是含血喷人的污蔑、危词耸听的肆谈。

四　思想的颠倒

远在梁、蒋以前，以谨朴著称的郭嵩焘，已记其亲眼所见云：

> ……及至京师，折于喧嚣之议论，噤不得发。窃谓中国人之心有万不可解者：西洋为害之烈，莫甚于鸦片烟。英国士绅，亦自耻其以害人者为构衅中国之具也，方谋所以禁绝之。中国士大夫，甘心陷溺，恬不为悔。数十年来，国家之耻，耗竭财力，毒害民生，无一人引为疚心。钟表玩具，家家有之。呢绒洋布之属，遍及穷荒僻壤。江、浙风俗，至于舍国家钱币，而专行使洋钱，且昂其价，漠然无知其非者。一闻修造铁路、电报，痛心疾首，

群起阻难。至有以见洋人机器为公愤者；曾劼刚（纪泽）乘坐南京小轮船至长沙，官绅起而大哗，数年不息。是甘心承人之害，以使朘吾之脂膏；而挟全力自塞其利源，蒙不知其何心也！……（《郭筠仙集·与李鸿章书》）

五　民智的固陋

越十余年，梁氏之所亲见的，又变本加厉了。他说：

……吾少而居乡里，长而游京师，及各省大都会，颇尽识朝野间之人物。问其子弟，有知国家为何物者乎？无有也！其相语则曰：如何而可以入泮，如何而可以中举也。问其商民，有知国家之危者乎？无有也！其相语则曰：如何而可以谋利，如何而可以骄人也。问其士大夫，有以国家为念者乎？无有也！其相语则曰：如何而可以得官，可以得差，可以得馆地也。问其官吏，有以国事为事者乎？无有也！其相语则曰：某缺肥，某缺瘠，如何而可以逢迎长官，如何而可以盘踞要津也。问其大臣，有知国耻，忧国难，思为国除弊而兴利者乎？无有也！但入则坐堂皇，出则鸣八驺，颐指气使，穷侈极欲也。……于广坐之中，若有谈国家者，则指而目之曰：是狂人也，是痴人也。其人习而久之……则亦自觉其可耻，钳口结舌而已。不耻言利，不耻奔竞，不耻媟渎，不耻愚陋，而惟言国事之为耻！习以成风，恬不为怪，遂使四万万人之国，与无一人等！……（《爱国论》）

任公先生岂不知道，这“莫谈国事”的恶风，乃是清朝皇帝三百年来杀头淫威禁制的结果。过去我在北平读书的时候，还见到西直门外小茶馆里的黑墙上贴着前清时代尚未刷去的条禁：“莫谈国事！”但是痛心的，想不到国民承受这淫刑的结果，竟养成为“无耻”！春秋之义：“蒙大辱以生者，毋宁死！庄子之言：“哀莫大于心死！”哪知道国民受淫威、蒙大辱以后，竟由心死而变成无耻，所以革命的大业，一直要等待中山先生的领导，才能完成啊！

六　社会的腐化

这种无耻的怪象，延续到后来，尚为梁氏所亲见，他分别地记着：

> ……越惟无耻，故安于城下之辱……而不思一雪；乃反托虎穴以自庇，求为小朝廷以乞旦夕之命。……官惟无耻，故不学军旅而敢于掌兵；不谙会计而敢于理财，不习法律而敢以司理。瞽聋跛疾，老而不死；年逾耋颐，犹恋栈豆。接见西官，栗栗变色；听言若闻雷，睹颜若谈虎！其下焉者，饱食无事，趋衙听鼓；旅进旅退，濡濡若驱群豕！……士惟无耻，故一书不读，一物不知。出穿窬之技，以作“搭题”；甘四虏之容，以受收检。抱八股八韵，谓极宇宙之文；守高头讲章，谓穷天人之奥！商惟无耻，故不讲制造，不务转运；攘窃于室内，授利于渔人。其甚者习洋文为奉承西商之地，入洋塾为操练买办之才。充犬马之役，则耀其乡里；假狐虎之威，乃轹其同族！兵惟无耻，故老弱羸病，苟且充额。力不能胜匹雏，耳未闻

谈战事。以军资十年之蓄，饮酒狎花；距前敌百里而遥，望风弃甲！民惟无耻，百人之中，识字者不及三十。……五印毒物，天下所视为虺为鸩，乃遍国种之，遍国嗜之；男妇老弱，十室八九，依之若命。缠足陋习……习之若性！……（《知耻学会序》）

又记：

……学校不立，学子于帖括外，一物不知。其上者考据词章，破碎相尚；语以瀛海，瞠目不信！又得官甚难，治生无术，习于无耻，懵不知怪。兵学不讲，绿营防勇，老弱癖烟，凶悍骚扰，无所可用。一旦军兴，临时募集，半属流丐，器械窳苦，饷糈微薄。偏裨以上，流品猥杂。一字不识，无论读书。营例不谙，无论兵法。……官制不善，习非所用，用非所习。委权胥吏，百弊猬起。一官数人！一人数官！牵制推诿，一事不举。保奖矇混，鬻爵充塞；朝为市侩，夕登显秩，宦途壅滞，候补窘悴；非钻营奔竞，不能疗饥。俸廉微薄，供亿浩繁，非贪污恶鄙，无以自给！限年绳格，虽有奇才，不能特达；必俟其筋力既衰，暮气已深，始任以事。故肉食盈廷，而乏才为患。……（《论不变法之害》）

梁氏虽痛哭流涕地嚷着：“嗟乎！之数无耻者，身有一于此罔不废！家有一于此罔不破！国有一于此罔不亡！”然而那时的全国，充耳不闻，这也许是天将灭亡满清政权的表征。

七　太后的奢靡

回头再看看那时满清政权的最高主宰，所谓“慈禧太后那拉氏”这老物，则正敲榨国民的汗血，出卖我们祖国百年命运的代价，来挥霍她个人淫乐的享受。用创办海军的专款来修造颐和园，只是最显明著称的事；此外还有我们所不知道的弥天糊涂账，例如：

> ……乙未至戊戌间，凡借外债五千万磅，除偿款外，所余尚一千二百十七万磅有奇。辛丑以后，各省每年解一千八百万两于北京政府，每年所余者七百万两有奇。及今三年，亦二千万两有奇矣。此等羡款，用诸何途？……乙未至庚子，颐和园续修工程，每年三百余万两。皇太后万年吉地工程，每年百余万两。戊戌秋间，皇太后欲往天津阅操，命荣禄修行宫，提“昭信股票”余款六百余万两。辛丑回銮费，据各报所记，二千余万两。辛丑后动工兴修之佛照楼（按：即后来之居仁堂）工程，五百万两。今年（一九〇三）皇太后七旬万寿庆典，一千二百万两。另各省大员报效，一千三百万两。即此荦荦数端，专为一人身上之用，我辈所能知者，其数已达九千万两！未知者复何限。……国民乎！国民乎！公等每年缴四千三百万之膏血，为北京城内一人（那拉氏）无用之私费，公等节衣缩食，抛妻鬻子，以献纳于……北京，为彼一人修花园、庆寿辰、筑坟墓之需也！……（《中国国债史》）

八　朝廷的昏庸

西太后的荒淫逸乐，别具肺肝既如此：辅翼此淫后老怪之元老大臣则何如？譬如户部尚书阎敬铭，千方百计撙节浮款，为国家创办海军，而皇太后天天向他闹钱，老大不快，把他革职了事。这一个例，说明除了“混蛋”——如李莲英，及“恶霸”——如荣禄等以外，谁都不能存在。存在的“混大老”呢，请你看看：

……日本人谓我……握国权者，皆老朽之人也。非哦几十年八股，非写几十年白折，非当几十年差，非挨几十年俸，非递几十年手本，非唱几十年喏，非磕几十年头，非请几十年安，则必不能得一官，进一职！其内任卿贰以上，外任监司以上者，百人之中，其五官不备者，殆九十六七人也！非眼盲，则耳聋。非手颤，则足跛。否则“半身不遂”也。彼其一身饮食、步履、视听、言语，尚且不能自了，须三四人在左右扶之捉之，乃能度日。于此而乃欲责之国事，是何异立木偶而使之治天下也。且彼辈自其少壮之时，已不知亚、欧、非、美为何处地方；汉祖、唐宗是那样皇帝；犹嫌其顽钝腐败之未臻其极，又必搓磨之，陶冶之，待其脑髓已涸，血管已塞，气息奄奄，与鬼为邻之时，然后将我二万里山河，四万万人命，一举而畀其手！呜呼！……

而彼辈者积其数十年之八股、白折、当差、挨俸、手本、唱喏、磕头、请安，千辛万苦……乃始得此“红

> 顶”“花翎”之服色，“中堂”“大人”之名号。乃出其全副精神，竭其毕生力量，以保持之。如乞儿拾金，虽轰雷盘旋顶上，而两手犹紧抱其荷包，他事非所顾、非所知、非所闻也。于此而告之以亡国也，瓜分也，彼乌从而听之，乌从而信之！即使果亡矣，果分矣，而我今年既七十矣，八十矣，但求其一两年内，洋人不来，强盗不起，我已快活过了一世！若不得已，则割三省两省土地，奉申贺敬，以换我几个衙门；卖三五百万之人民，做奴为仆，以赎我一条老命。有何不可！有何难办！呜呼！今之所谓老后、老臣、老将、老吏者，其修身、齐家、治国、平天下之手段，皆具于是矣。……（《少年中国说》）

九　外交的腐败

至于最重要的周旋世界、折冲列强、掌握国防和战之枢机、控制国家存亡之命运的机构，叫作“总理各国事务衙门”，简称“总理衙门”，将呈何种状况呢？那更妙了，素有“混蛋加三级”之雅号（北京饭馆里，“水炖蛋”加上鸡丁、鸡片、鸡丝——三鸡——这碗菜就叫“总理衙门”）。大家所亲见的：

> ……总理衙门老翁十数人，日坐堂皇。并外国之名且不知，无论国际，并己国条约且未寓目，无论公法，各国公使领事等官，皆由奔竞而得，一无学识……（《政变原因答客难》）

这实在是千真万确之事，当时曾有“把九龙弄到澳洲东南”的笑话，因为澳门与澳洲，这班“老王爷”实在有点搅不清楚！

“使”“领”之由奔竞而得，也是事实，以出使日本的为尤甚，只是把“捉留学生”、“杀革命党”为唯一要务。当时一位留日学生——笔名“东亚伤心人”——作一首新乐府，名“哀星轺”，讥使臣“献媚蓄意杀学生”，附带叙述使臣的出身，说：

……使臣当日好肩背，南洋贩米东洋卖，相公堂前，袖献票纸；王爷膝下，跪呈扇子。王爷心绪忧，肥奴旁侍喘如牛，亲捧留声机器奏床头。翁在街头卖卦命，儿走上房司门政，儿今做贵人，紫绶金章衬绿巾……

一〇　军队的黑暗

“若以练兵论之”，那么：

……用洋将统带训练者，则授权洋人，国家岁糜巨帑，为他人养兵以自噬；其用土将者，则如董福祥之类，借众闹事，损辱国体，动招边衅，否则骚扰阎闾而已，不能防国，但能累民；又购船、置械于外国，则官商之经手者，借以中饱自肥，费重金而得窳物，如是则练兵反不如不练！……（《政变原因答客难》）

上面这段话，没有一字是虚谎，甲午战争就惨败在这真凭实据上。

……据英人蒲兰德（B1and）的记述说：“在战争发生前二年，汉纳根（李鸿章部下服务的德人）请李鸿章购买多量克鲁伯厂所造的大开花弹，供战斗舰上大炮之用。李氏已经签发了命令，但是终于不曾实行。……当黄海海战时，至有两艘战斗舰，共同只有三颗大开花弹！因此在大半日的苦战当中，中国战舰大口径的巨炮皆闲搁不能作用。”至于中国自己制造的鱼雷，据严复所说，有用铁渣来代替火药装在里面的！海军是李鸿章用全力经营的，内容的腐败如此，陆军就更不用说了。……（李剑农：《中国近百年政治史》）

一一　实业的丛弊

再换一个方面，就当时推行关于经济建设的新政来观察：

……以开矿论之……西人承揽，各国要挟，地利尽失，畀之他人；否则奸商胡闹，贪官串弊，各省矿局，只为候补人员“领乾脩”之用，徒糜国帑，如是则开矿反不如不开。（《政变原因答客难》）

中国旧例：官绅之不办事而借空名以领俸，谓之“乾脩”。凡各省之“某某局总办”、“某某局提调”，无不皆是也。

……乃至兴一利源，则官与商争，绅与民又争；举一新政，则政府与行省争，此省与彼省又争；议一创举，则意见歧而争，意见不歧而亦争。究之阴血周作，张脉偾兴，旋动旋止，只视为痛痒无关之事……（《南学会序》）

所以清末“官商合办”的，或是“官督商办”的经济建设，没有一件不是彻骨失败的。后来川汉铁路的建设，可怜路基已经铺到宜昌，只因“官与民争”，就扩大为清廷覆亡的致命伤！

一二　贪污的普遍

如果我们看完了官场中的上层阶级，还觉得未能恶贯满盈，不妨再走入普通官场，看看中下层吏曹郎官的一般风气：

> ……前此京朝士大夫，朴素如老儒。入署大率步行，宴客不过数簋。岁得俸廉数百金，即足以自给。其名士，往往敝衣破帽，萧然自得，而举国且仰其风采也。……（《说国风中》）

如果长能如此，那也罢了。但是到后来呢？啊，但只见：

> ……今也，全国富力，有日蹙而无日舒；而中流社会之人，日相炫以豪华。虽以区区一曹郎，而一室之陈设，耗中人十户之赋。一席之饮宴，值会典半年之俸。而其尤宦达者，更无论也。……（《说国风中》）

所谓“其尤宦达者”淫奢滔天的罪恶，你如果不信，请你一读薛福成《庸盦笔记》里面的“河工奢侈之风”条。

> ……老于河工者为余谈：……每岁经费，实用之工程者，十不及一！其余以供文武员弁之挥霍，大小衙门之酬

应，过客游士之余润。凡饮食、衣服、车马、玩好之类，莫不斗奇争巧，务极奢侈。即以宴席言之，一豆腐也，而有二十余种。一猪肉也，而有五十余种。……（中间叙述种种罪恶甚怪甚详，不欲污我文笔，从略。）食品既繁，虽历三昼夜之长，而一席之宴不能毕！故河工宴客，往往酒阑人倦，各自引去，从未有终席者。此仅举宴席以为例，而其余若衣服车马玩好，豪奢之风，莫不称是。各厅署内，自元旦至除夕，无日不演剧；自黎明至夜分，虽观剧无人，而演者自若也。每署幕友数十百人，游客或穷困无聊，乞得上官一名片，以投厅、汛各署，无不延请。有为宾主数年，迄未识面者！幕友终岁无事，主人夏馈“冰金”，冬馈“炭金”，佳节馈“节敬”；每逾旬月，必馈宴席。幕友有为棋、博、樗蒲之戏者，得赴账房领费，皆有常例。……新点翰林，有携朝贵一纸书谒河帅者，河帅为之登高而呼，万金可立致。旧人拔贡，有携京员一纸书谒库道者，千金可立致！嗟乎！国家岁糜巨帑以治河，而频年河决，更甚于今日。竭生民之膏血，以供贪官污吏之骄奢淫僭，天下安得不贫苦！……

其他如外人所记，太监安德海、李莲英等之恃西后淫纵祸国，那更甚于此！养成亡清“全国宦场”的国风，贯彻上、中、下，不论贫、穷、富，一样的：

……前此偶有游戏，讳莫如深。今则樗蒲之博，以夜继昼；狭邪之游，张旗鸣鼓。职务废于醉饱，神志昏于嫔娈！而举国未或以为非也。前此贿赂苞苴，行诸暮夜；馈者受者，咸有戒心。今则攫金于市，载宝于朝，按图索骥，选树论价，恬然不以为耻，而且以此夸耀于其侪辈也。……（《说国风中》）

第三节　梁氏生前中国一般的教育状况

够了！这本“地狱底层的官场现形记”的电影，在此重映一通，青年们！会使你哭笑不得，血泪倒流，是不是？你看了这本电影，你才知道清末的志士仁人，革命英烈，所抛的头颅，所喷的碧血，其意义如何的壮烈伟大了。中山先生，自然是最伟大的建国成功者，而梁启超冒九死一生，首先发难，勇往直前地冲锋。他自己承认陈胜、吴广之功，但天下后世的公评，他的勋劳，他的气魄、精神、声威，实在比陈胜、吴广要高出万倍！

这些暂且搁起，这电影还有下半本，是当时“地狱底层的文化界现形记”，也请今日青年一看。

还在梁氏四岁的时候，美国的电话已经装起来了，而同时在中国呢？

……记得光绪二年，有位出使英国的大臣郭嵩焘，作了一部游记，里头有一段，大概说：“现在的夷狄，和从前不同，他们也有二千年的文明。”哎哟，可了不得！这部书传到北京，把满朝士大夫的公愤，都激动起来了。人人唾骂，日日奏参，闹得奉旨毁版，才算完事。……（《五十年中国进化概论》）

更前十年（同治六年），宰相名儒倭仁，反对李鸿章在北京设同文馆的怪事，那更不必说了。

一三　童年生活是怎样的

既然全国没有半个学校的教育，我国民自童年以至青年最宝贵的一段光阴，所受的生活熏染是怎么样的呢？

> ……若其髫龄嬉戏之时，习安房闼之中，不离阿保之手。耳目之间所日与为缘者，舍床箦、筐箧、至猥极琐之事，概乎无所闻见。其上焉者，歆之以得科第，保禄利；诲之以嗣产业，长子孙；斯为至矣。故其壮也，心中目中，以为天下之事，更无有大于此者。万方亿室，同病相怜；冥冥之中，遂以酿成今日营私趋利，苟且无耻，固陋野蛮之天下……且恬然不以为怪。故试取西人幼塾乳臭之子，与吾此间庞壮硕老之士大夫相挈，其志趣学识，必有非吾此间此辈之所能望者！岂其种之特异哉，无亦少而习焉者之不得其道也。……（《论女学》）

或者说：梁氏所描写的，还是中上阶级社会中青年子弟所遭际的情形，自然还有更惨于此的下层社会的贫苦子弟，他们所受的生活熏染是怎样的呢？在清末还没有描绘此类的速写，我只有请你读一读后来鲁迅《呐喊》集的《阿Q正传》、《药》两篇文章来弥补这遗憾。

> ……遗风相传下来，江南的小康子弟，在老祖母的监护之下，谆谆地教训他道：“不许上鸦片馆，可以在家

设灯盘，抽大烟。不要去嫖，可以拣一个合意的丫头或窑姐讨一房小婆娘伴着你。”这类的慈训，社会上都是称为“教子有方”的。不多几年，这白面少爷，已经是弄到骨瘦如柴，家产荡尽，先于老祖母而死了。等到“教子有方”的这位老太太死时，无棺可敛，躺着尼姑庵的“施棺材”而了结。这类为社会家庭葬埋的青年，作者的眼内，还亲见小小一乡镇内有数十件之多。

一四　青年教育是怎样的

如果家内出了有志青年，那么也有“黄卷青灯，十年苦读”的学子。但是我们来看看他埋头十年，疲精竭神，所下苦功的对象，是什么东西呢？就是所谓八股文、八韵诗。“八股文”这神秘的名称，我们听得烂熟；究竟是怎么一回事呢？

……明中叶以后，始盛行四股、六股、八股，破、承、起讲之格。虽名为说经之文，实则本唐代诗赋，专讲排偶声病。如宋元词曲，但求按谱填词。而芜词谰言，骈拇枝指，又加甚焉。……格式既定，务使千篇一律；稍有出入，即谓之不如格。是以习举业者，陈陈相因，涂涂递附；黄茅白苇，一望皆同。限以“三百”、“七百”之字数，拘以“连上”、“犯下”之手法。虽胸有万卷，学贯三才者，亦必俯就格式，不许以一语入文。其未尝学问者，亦能揣摩声调，敷衍讲章，弋获巍科，坐致高位。……（杨漪春侍御奏稿：《请厘定文体折》）

到清末更可笑了，更可杀了，竟以“游戏文章”公然作为国家登进人才的标准。而其游戏的下流不通，还远在“灯谜”、“诗钟”、“酒令”、“牙牌”之下！全国白昼跳踉着这种文妖，真使人感觉着“清室不亡，是无天理”的！

……更有甚者，各省岁科、童试、县考、府考、院考，多出“截上”、“截下”、“无情”、“巧搭”等题（例如“子见南子，自牖执其手”之类），割裂经文，渎侮圣言。……而各省沿用，毫不为怪。此种文体……起、承、转、收、擒、钓、渡、挽，其法视文纲为尤密，其例视刑律为尤严。遂使天下百千万亿之生童，日消磨精力于此等手法之中，舍纤仄机械之外，无所用其心，恐有旁骛而文法因以疏也。舍“串珠”、“类腋”之外，无所用其学，恐有博涉而文体因以杂也。……（杨漪春侍御奏稿：《请厘定文体折》）

这位因变法而丧首的戊戌六君子之——杨深秀，于是喟然长叹道：

……夫天下之士子，莫多于生童也。盈廷之公卿，皆起自生童也。而其用心及其所学如此！驱天下有用之才，而入于无用之地；一旦而欲举以任天下之事，当万国之冲，其可得乎！……（同上）

至于八韵诗的内容，尤为无味，不必多讲；而其最荒谬可笑者，以现代人之方音，而必须押隋、唐时代之韵脚，无理取闹如此，而反认为天经地义。所以声韵是用脑筋来硬记的，不是用耳朵来听的！以致名震一时的老诗人，往往闹出“出韵”的笑话：

湖口高碧湄大令心夔，少有才名；其骈文书法及散体诗，均造深际……殿试两次出韵，皆在“十三元韵”中，遂列四等。衡阳王壬秋闿运，赠以诗曰：“平生两四等，该死十三元！”（《庸盦笔记》）

这真是活埋青年、活埋天才的秦坑！

一五　官办“洋学堂”是怎样的

后来，满清政府也来办“洋学堂”了。可是人民说“上洋学堂，会给洋人挖去眼睛的”，绝对不来。小康之家以上的“爷们”，更是闻“洋学堂”之名而唾口水！梁氏记着：

……前清末年办学堂，学费、膳费、书籍费，学堂一揽千包，还倒贴学生膏火；在这种条件底下招考学生，却是考两三次还不足额……好像拉牛上树！（《十年双十节之乐观》）

“洋学堂”里像“拉夫”一样地拉到了一批不三不四的学生了；以后又怎么样呢：

……但教方言以供翻译，不授政治之科，不修学艺之术，能养人才乎？科举不变，荣途不出士大夫之家，聪

> 颖子弟皆以入学为耻，能得高才乎？如是则有学堂如无学堂。且也学堂之中，不事德育，不讲爱国，故堂中生徒，但染欧西下等人之恶风，不复知有本国，贤者则为洋佣以求衣食，不肖者且为汉奸以倾国基，如是则有学堂反不如无学堂。……（《政变原因答客难》）

可不是吗，梁氏的预言，竟成为仙谶，当年北洋官费留美培植出来的学生陈锦涛，老而不死，竟“为汉奸以倾国基”！而且，后来比较规模像样的学堂，闹得也有督办、总办、会办、坐办各大员的怪象。除了坐办算是坐在校内像个校长模样以外，督办大臣等，都是“身滞京邸”而遥遥指挥沪、宁各校。譬如南洋公学的监督、总办等，换了八九个，终未出北京一步。至唐文治始毅然出京莅校，一时惊为奇事，而有“模范堂长”之颂！

那时“文化界现形记”的电影，如此如此。所以，中山先生要手创学校于日本横滨，后来就交给梁氏去办理，此即名震一时的大同学堂。

第四节　梁氏后来对于祖国命运的影响

在这样地狱底层的教育状况，向后再看看康有为的万木草堂，虽然不过是一座规模较大的“经馆”，虽然“草堂学则”上所定的课程依然不脱顽固老儒的气味，而在当时，谁也目为这是地狱底层第一盏点起的明灯。再往后看看陈宝箴、黄遵宪、江标、熊希龄、梁启超、谭嗣同、唐才常等在长沙合办的时务学堂，那便算地狱底层的火炬了。至于被迫而敷衍的钦办京师大学堂，那又是一座老翁高坐的衙门，捐监入学的尾闾，与“学问”二字，如风马牛。一直要等到蔡元培先生来做校长，才算整顿而上轨道。

一六　文体的改革

若论文体的改革，梁氏的功绩，实在是他最伟大的所在。梁氏亡后，胡适送他的挽联说：

> 文字成功，神州革命！
> 生平自许，中国青年。

继梁氏而起，而做更进一步的文体改革者，便是胡氏。所以胡氏对于任公这点上的功绩，认识得特别清楚。不错，你看了前面杨深秀所描绘、全国青年所摇头摆腰而吟哦的八股文，其内容的妖模怪样，肮脏龌龊，已经领教过了；若再跳出圈子来看看当年一班青年文豪，各家推行着各自的文体改革运动，如寒风凛冽中，红梅、腊梅、苍松、翠竹、山茶、水仙，虽各有各的芬芳冷艳，但在我们今日立于客观地位平心论之：谭嗣同之文，学龚定庵，壮丽顽艳，而难通俗；夏曾佑之文，更杂以庄子及佛语，更难问世；章炳麟之文，学王充《论衡》，高古淹雅，亦难通俗；严复之文，学汉魏诸子，精深邃密，而无巨大气魄；林纾之文，宗绪柳州，而恬逸条畅，但只适小品；陈三立、马其昶之文，祧祢桐城，而格局不宏；章士钊之文，后起活泼，忽固执桐城，作茧自缚。至于雷鸣潮吼，恣睢淋漓，叱咤风云，震骇心魂；时或哀感曼鸣，长歌代哭，湘兰汉月，血沸神销，以饱带情感之笔，写流利畅达之文，洋洋万言，雅俗共赏，读时则摄魂忘疲，读竟或怒发冲冠，或热泪湿纸，此非阿谀，惟有梁启超之文如此耳！即以梁氏一人之文论，亦惟有“戊戌”以前至“辛亥”以前（约一八九六至一九一〇）如此耳。在此十六年间，任公诚为舆论之骄子，天纵之文豪也。革命思潮起，梁氏的政见既受康氏之累而落伍，梁氏有魔力感召的文章，也就急遽地下降了。可是就文体改革的功绩论，经梁氏等十六年来的洗涤与扫荡，新文体（或名报章体）的体制、风格，乃完全确立。国民阅读的程度，一日千里，而收获了神州文字革命成功之果了。

一七　报纸的改革

除学校外，推进文化唯一的利器，则为报馆。辅助教育，启发民众，指导社会，介绍新学，宣传主义，主持公论，监督行政，纠弹非法，为民喉舌……这许多神圣工作，都要靠报纸来负责实行。然而清末的报界状况又怎么样呢？凡是没有洋人与租界的都会，一概没有报纸：

> ……京都首善之区，而自联军割据以前曾无报馆，此真天下万国之所无也。每省之幅员户口，皆可敌欧洲一国，而除广东、福建外，省会之有报馆者无一焉。此亦世界之怪现象矣……《清议报一百册祝辞》

有洋人与租界的都会，才有模仿洋人创办华文报纸的。梁氏说："近年以来，陈陈相接，惟上海、香港、广州三处，号称最盛。……"然而这类操于出身八股的无聊"文丐"之手的华文报纸，内容又怎样呢？

> ……每一展读，大抵"沪滨冠盖"、"瀛眷南来"、"祝融肆虐"、"图窃不成"、"惊散鸳鸯"、"甘为情

死”等字样，填塞纸面，千篇一律。甚者乃如台湾之役，记刘永福之娘子军！团匪之变，演李秉衡之黄河阵！明目张胆，自欺欺人。观其论说，非“西学原出中国考”，即“中国不亡是无天理论”也。辗转抄袭，读之惟恐不卧！……（同上）

我想现代有志青年，看着这样呕饭而又痛心的报纸，也要读之惟恐不卧！

一八　新兴各报述评

报纸的改革，与文体的改革，是有不可分离的关系。当时梁氏创办《时务报》、《清议报》、《新民丛报》、《国风报》等于上海及日本。黄遵宪、谭嗣同、唐才常等创办《湘报》于长沙。陈范、蔡元培、章炳麟、章士钊等创办《苏报》于上海。严复、夏曾佑等创办《国闻报》于天津。日本留学生创办《译书汇报》、《国民报》、《开智录》等于东京。张继等创办《国民日日报》于上海。其他为中山先生所领导的革命团体，在国内、国外创办了大量的日报与杂志，如《中国日报》（香港）、《民生日报》（檀香山）、《大同报》（旧金山）、《中兴报》（新加坡）、《革命军》（邹容作）、《惨世界》（苏元瑛作）、《荡虏丛书》（章士钊编）、《陆沉丛书》（陈去病编）、《黄帝魂》（上海），及《汉帜》、《汉声》、《江苏》、《浙江潮》、《新湖南》、《警世钟》、《二十世纪之支那》（东京）等。就形质言，收获了报纸改革的成功。就超越的意义言，同时收获了文体改革的效果，并且以文体改革为工具，为利器，连带收获了政体改革的成功，以至国体改革的成功。

第二章　亡国景象与维新初潮

——从梁氏诞生至戊戌变法

第五节　综　叙

同治十二年，即公历一八七三年，梁启超生于广东省新会县厓山附近之熊子乡。字卓如，后来改字任公，别号饮冰室主人。

这一年，是怎样的一个年头呢？中兴伟人曾国藩已在前一年逝世了，左宗棠已六十三岁，李鸿章已五十一岁。梁氏的重要师友：李端棻四十一岁，黄遵宪约三十四岁，康有为十七岁。现代史上主角与梁氏有关系者：乱世奸雄袁世凯十五岁，建国中山先生八岁。戊戌成仁六君子，可考者：杨深秀二十五岁，刘光第十七岁，谭嗣同九岁，林旭后一年生。梁氏晚年学友王国维后一年生，弟子蒋方震后七年生，蔡锷后八年生。……尽碎鸦片战争以来中国所戴之枷锁，而地狱底层黑暗之中，始睹一缕祥光之涌现！

第六节　亡国现象的种种

一九　祸根的溯源

此时就中国的命运而言，正如转巨石于危崖之上，一落千丈的衰颓，梁氏自述说：

……请言百年以来之事：乾隆中叶，山东教匪王伦之徒起，三十九年平。同时有甘肃马明心之乱，据河州、兰州，四十六年平。五十一年台湾林爽文起，诸将出征皆无功，五十二年乃平。而安南之役又起，五十三年乃平。廓尔喀又内犯，五十九年乃平。而五十八年，诏天下大索白莲教首领不获；官吏以搜捕教匪为名，恣行暴虐，乱机满天下。五十九年，贵州苗族之乱遂作。嘉庆元年，白莲教遂大起于湖北，蔓延河南、四川、陕西、甘肃，而四川之徐一德、王三槐等，又各拥众数万起事，至七年乃平。八年浙江海盗蔡牵又起。九年，与粤之朱濆合，十三年乃平。十四年粤之郑乙又起，十五年乃平。同年，天理教徒李文成又起，十八年乃平。不数年，而回部之乱又起，凡历十余年至道光十一年乃平。同时湖南之赵金龙又起，十二年平。天下凋敝既极，而鸦片战役又起矣。十九年英舰始入广东。二十一年取舟山、厦门、定海、宁波、乍浦，攻吴淞，下镇江。二十二年结《南京条约》乃平。而两广伏莽，已遍地出没无宁岁。至咸丰元年，洪、杨遂乘之而起，蹂躏天下之半！而咸丰七年，复有英人入广东掳总督之事。九年，复有英法联军犯北京之事。而洪氏据金陵凡十二年，至同治二年始平。而捻党犹逼京畿，危在一发，七年始平。而回部、苗疆之乱犹未已，复血刃者数载，及其全平，已光绪三年矣。（《新民说·论进步》）

二〇　延续的天灾人祸

梁氏未生以前的中国国运如此，祸根延续，梁氏既生以后的国运何如呢？

> ……自同治九年天津教案起，尔后民教之哄，连绵不绝。光绪八年，遂有法国安南之役，十一年割送安南始平。二十年，日本战役起，二十一年割送朝鲜、台湾，结《马关条约》始平。二十四年广西李立亭、四川余蛮子起，二十五年始平。同年，山东义和团起，蔓延各省，几至亡国；为十一国所挟，二十七年结《辛丑条约》始平……（同上）

这仅就战争流血等惨史而言，而且偏重于内乱方面的。

二一　此年的国际形势及世界大势

就梁氏生后的世界大势及国际形势去观察一下：这一年（一八七三），美国南北战争平定，重告统一，已经八年，“挤入列强之林”了。日本明治即位，维新成功，已经六年了。苏伊士运河开通，英国握世界海权，已经四年了。普法战争终止，德国一跃为世界巨强，已经三年了。意大利马志尼、屈黎波的二杰，进军罗马，以后卒造成意国统一之基，正在这年。这许多列强，此时都成为天之骄子，而合力以对付这东亚老朽昏庸而遗产丰富的中国！大者则截肢体，小者则割一脔，而中国就无辜受着“车裂”及“凌迟”之惨刑！

小者如租界、租借地，今姑不复叙述。其较大而割一肢一体者，如下表。

二二　中国遭受瓜分的“史迹表”

咸丰十年（一八六〇）	割东海滨省及库页岛于俄。
同治三年（一八六四）	俄私取我中亚藩属地塔什干（Tashkand）。
六年（一八六七）	俄私取我中亚藩属地撒马尔罕（Samarkand）。
七年（一八六八）	俄灭我侨民建立之中亚藩国布哈尔（Bukhara-Khan）。
十一年（一八七二）	俄灭我侨民建立之中亚藩国基华（Khiva-Khan）。
光绪二年（一八七六）	俄灭我侨民建立之中亚藩国浩罕（Khokand-Khan）。
五年（一八七九）	日本私取我六百年太平洋藩国琉球。
十一年（一八八五）	法割我秦汉以来已成内地之安南全部。
同年	英法瓜分我中南半岛之藩属国南掌。
十二年（一八八六）	英灭我滇民建立木梳部朝之缅甸全国。
廿二年（一八九六）	日本割我藩国朝鲜及内省台湾。

二三　帝俄侵华的阴谋

舐糠及米，剥床及肤，到了十九世纪除夕（一八九九）的前夜，那风声愈传愈紧，中国已成为列强俎上之肉，只待手起刀落而已！梁氏说：

……曾不知支那股份之票，已骈阗于西肆。中国瓜分之图，已高涨于议院！……（《南学会序》）

明年（一九〇〇），二十世纪开始，果然全世界十一国联军共陷中国的首都！这真是“开刀大吉”的时候了，然而何以忽然又不瓜分了呢？别的原因虽有，而其中最大的秘密原因，是俄、日两帝国都怀着不可告人的鬼胎、野心，妄想独吞中国，而暗中加以破坏。帝俄当时的妄想独吞中国，可以从东三省占领后绝对不肯撤兵，及后来与李鸿章签订中俄密约二事来证明。

二四　暴日蓄志亡华的深心

至于日本，人家都以为它近年来才开始蓄意妄想独吞中国，但在八十年前，当日本还是一个闭关自守、微弱贫困、“显微镜下的小国”的时候，已经企图“巴蛇吞象”，“蚍蜉撼树”，早已想独吞中国，“为中华主”了。你或者要吃一惊吧？

蛮徒丰臣秀吉，我们不必再谈。名闻一时的维新首勋的志士吉田松阴，不分国界，我们是何等敬重他啊！但他在狱中所著的《幽囚录》中，明明白白地说：

……今急修武备，舰略具，炮略足，则宜开发内诸侯。秉间夺加模、察加、澳都加。谕琉球朝贡，会同内诸侯。责朝鲜纳质、奉贡，如古盛时。北割满洲之地。南收台湾、吕宋诸岛。渐示进取之势。然后爱民养士，慎守边围，则可谓善保国矣。……

这是第一步骤，帖中还毫不讳言地讲了第二步骤，说：

> ……培养国力，兼弱攻昧；割取朝鲜、满洲，并吞中国。所失于俄、美者，可取偿于朝鲜、满洲！……

你看八十年来日本凶恶的政客与军阀，所有的一举一动，哪一件不按照着吉田松阴的遗志，按谱踏拍地在那里进行！

还有一个比吉田松阴时代略前的人，名佐田信渊。他的名著《混同政策》，里面说：

> ……凡侵略他邦之法，必自弱而易取始。当今世界万国中，我日本最易攻取之地，无过于中国之满洲者。何则？满洲之地，与我日本之山阴、北陆、奥羽、松前等处，隔一衣带水，遥遥相对。距离不过八百里，其势之易于扰乱可知也。故我帝国何时方能征讨满洲，取得其地，虽未可知；然其地之终必为我有，则无可疑也。夫岂但取得满洲已哉！支那全国之衰微，亦由斯而始。既取得鞑靼（指蒙古地）以后，则朝鲜、中国，皆次第可图矣！……

我们读了这样明目张胆的“吞华论”，回头来看什么“田中奏折”内所说的“欲征服世界，必先征服中国；欲征服中国，必先征服满洲”，就可不必惊怪，因为这不过是日本八十年来上上下下人人暗诵的一句口头禅罢了。

如果有人推诿说，这是在野志士的言论。那么在朝诸侯的言论何如呢？诸侯岛津齐彬评论李鸿章的割弃安南事，说：

>……不图清国一弱至于如斯也！以彼地广人众，岂无忠臣义士？而鸦片战争以后，政治仍然不整。内有长发之扰，外被英、法之侵；割地请和，天子蒙尘，谓非耻辱之大者耶？我国介在东陲，诚不可不早为之备。英、法既得志于清，势将转而向东。先发制人，后发制于人。以今日之形势论，宜先出师，取清之一省，而置根据地于东亚大陆之上。内以增日本之势力，外以昭勇武于宇内！则英、法虽强盛，或不敢干涉我矣。夫清国沿海诸地，关系日本国防者，惟福州为最。取而得之，于国防有莫大之利益焉。况清人与日本人异，苟兵力足以制其民，则无不帖然服从！彼英、法远隔重洋，尚不惮用兵之劳以取之，况我日本乎。……然清国素以地广人众，傲慢自尊，视日本如属邦！……故我之入手第一招，当以防外夷之攻略为上策。或助明末之遗臣，先取台湾、福州二地，以去日本之外患。虽取此二地，即我萨隅之兵已足。惟无军舰则不足以争长海上。故当今之计，又以充实军备为急图。……

现在也有人说，李鸿章对于安南之役，收拾得如此潦草，结束得如此荒唐，土地割送得如此轻松而巨大，宁受中外同声的唾骂而不恤，正是因为李氏那时已经秘密探到日本吞华的国策，巨祸将发于肘腋之间，故其外交重点，突然离法而谋日。此说是否正确？现在还无法证明。但安南之役以后，中日二国都开始竞争“新海军”的创建，那倒是有目共睹的事实。

要说当时日本吞华的野心，中国方面完全不知道，那也绝非事实所宜有。汉学甚深、道德甚高的犬养毅氏，和孙、康、梁都是至交。但他也曾亲向任公吐出肺腑之言。一九〇〇年，梁氏有澳洲之游，往别犬养木堂：

……犬养木堂（毅）语余云："日本今无事可做，惟将投身于亚洲大陆耳！"……（《饮冰室诗集：壮别二十六首》中自注）

这话是在庚子八国联军之役的前夕说的。由此可知，纵然中国无拳匪的内乱，纵然全世界列强都要保全中国；而日本的居心，无论有道德、崇汉学的学者，以及吃人肉、亡人国的军匪，人人都毫不留情地要吞中国而帝中华！我现代多血多泪的有志青年啊！如果你生长在这时候，你将要如何地悲愤切齿、奋发淬砺啊！

第七节　梁氏幼年的家庭生活及家乡环境

二五　镌留着悲壮史迹的厓山熊子乡

熊子乡——这梁氏降生的地点，也足够刺激梁氏一生之荣誉和热血。何以故？梁氏自己就曾说过：

余乡人也，于赤县神州，有当秦汉之交，屹然独立群雄之表数千年，用其地与其人，称蛮夷大长，留英雄之名誉于历史上之一省。于其省也，有当宋元之交，我黄帝子孙与北狄异种血战不胜，君臣殉国，自沉厓山，留悲愤之纪念于历史上之一县。是即余之故乡也。……余实中国南端之一岛民也。……（《三十自述》）

梁氏以一“数百年栖于山谷”而为“岛民”之特质，而自幼即受本乡过去“光荣”和“悲痛”两大纪念之刺激，梁氏一生命运“种子的熏习”，即奠基于此时。

二六　祖榻上的口训

他脑海熏习中所受最早、最洁、最纯和一生印象最深的，当推他祖父梁维清的口训：

（余）逮事王父者十九年。……（王父）爱余尤甚……四五岁就王父及母膝下授四子书、《诗经》，夜则就睡王父榻，日与言古豪杰、哲人嘉言懿行。而尤喜举亡宋、亡明国难之事，津津道之。……（同上）

后来，梁氏虽然受“康党”所挟持，不能始终追随中山先生以倒满清，但他在光绪三十一年（一九〇五）所发表的言论，竟是一个激烈的革命党！

……鄙人虽无似，一“多血多泪”之人也。每读《扬州十日记》、《嘉定屠城纪略》，未尝不热血溢涌！故数年前主张“排满论”，虽师友督责日至，曾不肯即自变其说。至今日而此种思想蟠结胸中，每当酒酣耳热，犹时

或间发而不能自制。苟思有道焉，可以救国……鄙人虽木石，宁能无歆焉！……（《申论种族革命与政治革命之得失》）

像这种文章，真可与当时革命党的宣传品的笔锋，交相比美。严复认为“梁氏实为亡清代二百六十年社稷之人”！（见《学衡杂志·严几道与熊纯如手书》）虽然未免推奖过甚，然而他的首先发难的功绩，实在是不容否认。而梁氏也曾说：

当光绪、宣统之间，全国有智识、有血性的人，可算没有一个不是革命党。但……手段却有小小差异：一派注重民族革命，说是只要把满洲人撵跑了，不愁政治不清明。一派注重政治革命，说是把民治机关建设起来，不愁满清政府不垮台。……（《时事杂论·辛亥革命的意义》）

这话可以代表当时多少有血性的人的意见，虽不可知，但无论如何，却确确实实可以代表梁氏个人当时的意志和行动。

二七 开始离乡——睁开眼睛了

童年的梁启超，究竟不过是一个不见世面、孤栖山海的“岛民”，然则他后来一生的政治、民族、文化等意识，是怎么样养成的呢？他虽然是一个聪明绝顶的天才：六岁，五经卒业；九岁，能做千言的文章；十二岁，便中秀才。可是天天所埋头钻研的，不过是八股。虽是他自己极其讨厌八股，然而不知天地间除了八股以外，还有所谓学问！他说：

> ……余自先世数百年，栖于山谷。族之伯叔兄弟，且耕且读，不问世事，如桃源中人。余生九年，乃始游他县。生十七年，乃始游他省。犹了了然无大志，梦梦然不知有天下事！余盖完全无缺，不带杂质之乡人也。……（《夏威夷游记》）

中了秀才以后怎么办呢？

> ……十三岁始知有段、王训诂之学，大好之……时肄业于省会之学海堂，堂为嘉庆间阮元所立，以训诂、词章课粤人者也。至是乃决然舍帖括（即八股）以从事于此。然不知天地间于训诂、词章之外，更有所谓学问也。……（《三十自述》）

那时全国所通行的口号，连“灶下老婢”都知道的，叫作“穷秀才，富举人！”“一举成名天下闻！”中了举人，那还了得！而梁启超十七岁就中了举人。主考官为贵阳李端棻，酷爱这位青年新贵，却认为“国士无双”，打破社会地位的悬殊，就把他的妹妹许配给梁氏，并且就携挈着同赴北京去殿试。这回可下了第。好得很哩，如果梁启超十八岁就点了翰林的话，那么轰轰烈烈戊戌变法的主角，没有梁启超其人了。而梁氏如不经过十四年亡命生涯，那么这期间可泣可歌的雄文，也不会流传于天地间了。

下第归上海，购得《瀛寰志略》，才知道全球五大洲的形势及世界万国的部位大小，原来如此。于是索性把江南制造局所译的新书，大部是天、算、医、工、理、化等著作，不管懂不懂，都挪来硬读一顿，虽然不能消化，可是新生命和新血液，就此开始灌注入梁氏的体中了。

第八节　康梁会接

这里我们要叙说到梁氏的老师——决定梁氏半生命运的老师兼党魁，一位过渡时代必须牺牲的失败怪杰——康有为的故事了。

二八　康有为氏的速写

那绰号叫作“圣人为”或“康圣人”的怪杰，他是广东南海县人。出身于理学名门的宦族。原名祖诒，字广夏，号长素。少时受业于名儒朱九江先生甚久——这位朱次琦是调和理学上的程朱、陆王两派而不讲考据的学者，康学终生以此为基础。但康是一位野心蓬勃、开展前进、活泼飞跃的人，而港粤又是西洋文明的精华及渣滓杂凑之地。康的前进欲与求知欲，大大感觉不够。于是一人独居在西樵山上四年，把那时译出来的西洋学说，“皆初级普通学，及工艺、兵法、医学之书，及耶稣经典”等一顿乱读，又乱读一顿佛经，乱翻一顿九通，便自以为“学贯天人”，思通六教，包罗古今中外，新旧博通，“内圣外王”的盖世奇才、通人、大儒了。其实，以他的这样毫无科学训练的脑筋，毫无基本科学的常识，一人在山，把西洋科学、印度佛学、中国经史理学，乱读杂翻，胡思玄想，忽然自以为“恍然大悟”，说出来那真是“妙不可言”！他不知道这不过是“知识欲的冲动”，而绝不是“求学问的正确轨道”。然而因其鹤立于一般“冬烘秀才”、“腐朽大老”之上，致养成他“予智自圣”的夸大狂态度，不肯随时代而进步，到底被时代所遗弃而消杀！哀哉！那时候康氏才二十八岁。

这大胆勇猛的“圣人为”，“自光绪十五年（一八八九），即以一诸生伏阙上书极陈时局，请及时变法以图自强。……甲午败后，又联合公车千余人，上书申前议。……自此以后，四年之间，凡七上书。其不达也如故，其频上也如故。举国流俗非笑之、唾骂之，……先生若为不闻也者。”（《南海康先生传》）他的热诚与胆气，倒真可佩服。

二九　万木草堂的内容

康氏就在这上书不达的时候，在广州长兴里万木草堂，开门讲学。这颇著一时盛名的长兴学舍，虽然仍是以前“书院”的形式，而智德体三育并重和课程的分设，颇有后来文法科大学的规模。他自任“总教授”、“总监督”。另设“博文科学长”，类似教务长。“约礼科学长”，类似训导长。“干城科学长”，类似军训及体育主任。“书器科监督”，类似图书馆长。他们的课本是：宋元明儒学案、二十四史、《文献通考》等。“凡学生，人置一札记簿，每日各自记其内学、外学；及读书所心得，时事所见及，以自课。每朔则缴呈之，先生（康）为之批评焉。”（《南海康先生传》）

三〇　长兴学舍的教育大纲表

兹记录当时长兴学舍的教育大纲，造一学表如下：

- 长兴学舍教育大纲
  - 学纲
    - 志于道
      - 格物
      - 克己
      - 厉节
      - 慎独
    - 据于德
      - 主静出倪
      - 养心不动
      - 变化气质
      - 检摄威仪
    - 依于仁
      - 敦行孝悌
      - 崇尚任恤
      - 广宣教惠
      - 同体饥溺
    - 游于艺
      - 礼
      - 乐
      - 书
      - 数
      - 图
      - 枪
  - 学科
    - 义理之学
      - 孔学
      - 佛学
      - 周秦诸子学
      - 宋明学
      - 泰西哲学
    - 考据之学
      - 中国经学史学
      - 万国史学
      - 地理学
      - 数学
      - 格致学
    - 经世之学
      - 政治原理学
      - 中国政治沿革得失
      - 万国政治沿革得失
      - 政治实际应用学
      - 群学
    - 文章之学
      - 中国词章学
      - 外国语言文字学
  - 科外学科
    - 校中
      - 演说（每月朔望课之）
      - 札记（每日课之）
    - 校外
      - 体操（每间一日课之）
      - 游历（每年假时课之）

梁氏因陈千秋（通甫）、曹丁泰（著伟）二志士的介绍，脱离了陈腐过时的学海堂而转学入这新鲜自由的长兴学舍，且惊且喜，就在这样的“学风”与“学科”之下，受深刻熏染者四年。

第九节　梁氏独立事业的开始

三一　中国新青年的群英会——湖南新政开幕

四年以后，光绪二十三年（一八九七），湖南巡抚陈宝箴、按察使黄遵宪、提学使徐仁铸、前使江标，厉行新政。辅助他的，有那时号称“四公子”之二：陈三立、谭嗣同，和在籍名流熊希龄等。为培养新人才起见，特创办时务学堂，聘梁启超、谭嗣同、唐才常三人总主学务，梁氏又为领袖。所有一切的学纲、学课、学风，都是脱胎于长兴学舍而来，稍微加以变化罢了。

三二　长沙时务学堂的内容及其贡献

何以证之？梁氏记《南海先生长兴学记》，演其始教之言，说：

> （一）立志；（二）养心；（三）读书；（四）穷理；（五）经世；（六）传教；（七）学文；（八）卫生。（《万木草堂小学学记》）

而他在四年以后主办长沙时务学堂时，所公布的学约也说：

> ……一曰立志。……二曰养心。……三曰治身。……四曰读书。……五曰穷理。……六曰学文。……七曰乐群。……八曰摄生。……九曰经世。……十曰传教。……

……凡学者每人设札记一册，分“专精”、“涉猎”二门。每日必就所读之书，登新义数则。其有疑义，则书而纳之“待问匭”以待条答焉。其详细功课，别著之学校报中。……每刚日，由教习随举西书格致浅理，或目前事理数条以问之，使精思以对。……每柔日，由教习随举各报所记近事一二条，问诸生以办法，使各抒所见（皆以笔谈）。……每月以数日为同学会讲之期，诸生各出其札记册，在堂互观。或有所问，而互相批答。上下议论，各出心得，其益无穷，凡会讲以教习监之。……（《湖南时务学堂学约》）

……时务学堂……国中学校之嚆矢。……学科视今日殊简陋，除上堂讲授外，最主要者为令诸生作札记，师长则批答而指导之。发还札记时，师生相与坐论。时吾侪方醉心民权革命论，日夕以此相鼓吹。札记及批语中，盖屡宣其微言。湘中一二老宿，睹而大哗！群起掎之。新旧之哄，起于湘而波动于京师。御史某（按：即杨崇伊）刺录札记全稿中触犯清廷忌讳者百余条，进呈严劾；戊戌党祸之构成，此实一重要原因也。……（《时务学堂札记残卷序》）

在这样一种不拘形式，而朝气蓬勃、精神充沛、乐趣的、进取的学风之下，自然能够造就出非常奇伟的人才来。当初时务学堂第一班的学生只有四十人，而五分之二都成了革命先烈，或开国名人。庚子汉口革命之役，教习唐才常率领学生林圭、李炳寰、田邦璿、蔡钟浩、傅慈祥等二十余学生，受着孙、梁共同的指挥，联合会党举义兵不成，踏着“戊戌六君子”的碧血，而碎首成仁于国贼张之洞之手。以上六人，就是所谓“庚子六君子”！时务学堂第一班的学生已去了一半。那时四十门徒中，最小的一位蔡艮寅，只有十六岁，大家都很爱他，他便是我中华民国建国伟人中的一位、民四护国之役的元勋——蔡锷将军。门徒中最穷苦的，要推范源濂，他在开国时期，终身致力于教育事业；他在中国教育界、一般文化界及生物学界建设的成绩是决然不朽的。此外军事学专家蒋方震（百里），也是那时四十门徒之一。其余也不必枚举。总之，这样一种“设备不具”的学堂，竟培养了如此伟大、质量俱优的杰出人才，真是收获了“乐育英才”最大的成功。

我们试把其余通都大邑或租界上所矗立着的“洋楼官学堂”，挪来做一个对照。以“样子”论，他们是巍峨骄挺。以内容论，他们是：

……各省纷纷设学堂矣。而学堂之总办、提调，大率皆最工于钻营奔竞，能仰承长吏鼻息之“候补人员”也。学堂之教员，大率皆“八股名家”，弋窃甲第，武断乡曲之巨绅也。其学生之往就学也，亦不过曰“此时世妆耳！此终南捷径耳！与其从事于闭房退院之诗云、子曰，何如从事于当时得令之ABCD”。考选入校，则张红燃爆，以示宠荣。资派游学，则苞苴请托，以求中选。若此者，皆今日教育事业开宗明义第一章，而将来为一国教育之源泉者也。试问循此以往，其所养成之人物……可以立于今日民族主义竞争之潮涡乎？……（《新民说·论进步》）

无怪乎严复、周树人（鲁迅）等，都要逃出海军学堂，章士钊、穆湘瑶、胡敦复等，都要逃出陆师学堂，此中症结，你就可以恍然大悟了。

三三　启发新智的第二步骤——创学会

以上是叙述梁氏青年时代承康氏作风，所推行维新实际方法之第一步骤——办学校。

办学校，是专以培植继起的少年子弟，是储才以留待将来之用的。如果要急切改进一般成人的智识的头脑，启发目前蒙昧无知的社会，那么当另求方法。康、梁所应用的第二步骤是创学会。

会社，倒是中国固有的，明末士大夫组织的复社、几社、应社、读书社，以及其他的××文会、××文社等，真像丛林一样地矗立着，但都被满清入关后用“杀头的压道机”压平了。到康有为乃重新感觉得：

> ……凡讲学莫要于合群。盖以得智识交换之功，而养团体亲爱之习。自近世严禁结社，而士气大衰。国之日孱，病源在此！故务欲破此锢习，所至提倡创学会。虽屡遇反对，而务必达其目的然后已。……（《南海康先生传》）

李剑农的《中国近百年政治史》上，也简要地叙述：

> ……康氏宣传主义的方法，首先就是创立学会。……他在广西讲学的时候，曾经创立一个桂学会。丙申年在北

京，遇到文廷式等一班名士，组织强学会；他就抓住这个强学会，推张之洞做会长。袁世凯也是强学会的赞成人。又设分会于上海。北京的强学会，并附设强学书局。……御史杨崇伊受人嗾使，说强学会的宗旨不正当，随即奏请把它封禁了。……后由御史胡孚辰奏请就强学书局改设官书局，李端棻又奏请推广学校，将官书局推广改为京师大学，就是北京大学的前身。……（《中国近百年政治史》第四章第三节）

强学会的后果，巨大难量，虽为朝廷所封禁，却正抬高它的身价。

……然自是学会之风遍天下，一年之间，设会百数！学者不复以此为大戒矣。……（《南海康先生传》）

梁氏所记，与李氏稍异，他说：

……（乙未）七月，京师强学会开，发起之者，为南海先生，赞之者为陈炽、沈曾植、张孝谦、袁世凯等。余被委为会中书记员。不三月，为言官所劾，会封禁。……（《三十自述》）

这是可以补正李氏的《中国近百年政治史》的。强学会封禁了！可是，不久（一八九七年丙申）德国强夺胶州湾的巨波又压过来了！全国的文人士大夫，又沸腾起来，“保国！保国！"这样地赤手空拳，高声大喊。康有为紧紧抓住这时机，在京师号召创立保国会。这谁都不便再说“宗旨不正当”的鬼话了吧？于是康氏就把保国会的组织，尽量推广到各地方行省去：

……先是，胶警初报，事变綦急。南海先生以为振励士气，乃“保国”之基础。……欲令各省志士各为学会，以相讲求，则声气易通，讲求易熟。……于京师先倡粤学会、蜀学会、闽学会、浙学会、陕学会等，而杨君锐实为蜀学会之领袖。君（林旭）遍谒乡先达鼓之，一日而成。以（戊戌）正月初十日开大会于福建会馆，闽中士大夫皆集，而君实为闽学会之领袖焉。及开保国会，君为会中倡始董事，提倡最力。……（《林旭传》）

三四　长沙南学会概述

正在这同一时间之内，陈宝箴、黄遵宪、徐仁铸在湖南推行新政；梁启超、谭嗣同、唐才常在长沙讲授新学；江标、陈三立、熊希龄等在夹辅维新。这一班人收到北京如此紧张的电报，哪有不立刻响应之理！于是湖南的南学会大放光彩地成立起来了。谭嗣同被推为南学会的会长，有声有色地慷慨论天下事：

……君（谭氏）……独留长沙，与群志士办新政。……而以南学会最为盛业。设会之意，将合南部诸省志士，联为一起；相与讲爱国之理，求救亡之法；而先从湖南一省办起，盖实兼学会与地方议会之规模焉。地方有事，公议而行，此“议会”之意也。每七日大集众而讲学，演说万国大势及政学原理，此“学会”之意也。于时君实为学会长，任演说之事。每会，集者千数百人；君慷慨论天下事，闻者无不感动。故湖南全省风气大开，君之功居多。……（《谭嗣同传》）

看了上面的叙述，知道这南学会的作用，确系比众不同。它的本身的意义，是“推行地方自治机构”及“政治学会”。而就这“地方”的区域性质而言，那又不叫湘学会而叫南学会。目的在“合南部诸省”，不过“先从湖南办起”。如果真能容许它办到“地方有事，公议而行”八字，那么它兼有“立法权”与“监督权”，充其量“南部诸省”早不是清廷所有了。可是，天下事绝没有如此简单顺利的，不上半年，反动的旧力，如冷酷无情的北风怒吼南奔，这些灿烂微弱的昙花，一霎儿烟消云散了。

三五　明、暗二力的闪电战

戊戌（一八九八）八月变法的失败，中国以前所有一切的微光与微温、种子与幼芽，都沉埋在冰河深渊中了。只剩几头“寒冰地狱的鬼王”——那拉后、荣禄之流——冻血淋漓，在刀山上嚼中华青年的嫩骨！举头一望，但见一面是无数赤身裸体，遮着红肚兜，画着八卦，挪着混天大旗、引魂幡、雷火扇、阴阳瓶、九连环、如意钩、火牌、飞剑、三尖钢叉、八宝法物的怪东西，蠕蠕而动，到处找洋人来杀。这就叫作“义和团”。一面是无数怒发冲冠、悲愤填膺的青年，怀着炸弹、手枪，甚至可以说是提着自己的头颅，踏着前人的血迹，前仆后继地起义，这就叫作“革命党”。除了这二种实际行动的人物以外，赤手空拳“康梁式”的维新志士，在国内已无活动的余地，只有亡命到海外去慷慨论天下事了。

以后所有的学会，都秘密含有革命的使命，与前期的学会，性质根本不同。公车上书式的最后一次集会，是庚子年上海张园所召开的国会，算是前期式学会的一个结束。

> 当唐才常在上海组织正气会时，拳乱方始萌芽。未几，改为自立会，谋在长江一带起事。及至六月拳乱大作，北方名士如严复等，也避地南下至上海，唐才常便假保国救时的名义，运动在沪各省的维新志士，开会于张园，名之曰“国会”。到会的名流，有容闳、严复、章炳麟、宋恕、吴葆初、张通典、狄保元、马相伯、戢元丞、文廷式、沈荩、龙泽厚等，共约数百人。推容闳为会长，严复为副会长，唐才常为总干事。开会的时候，章炳麟当众把辫发剪去，表示对于满清决绝，颇耸动一般人耳目。其实这个会，参与分子很复杂……大多数会员，不过震于“国会”、“民权”等新说，乘兴来会罢了。……（《中国近百年政治史》六章二节）

此后集会的中心，全中国都移在上海租界上了。而会中的主角，大抵都受有中山先生的感召，带有革命思想的了。譬如（1）戢元丞、秦力山等创设新社；（2）章炳麟、蔡元培、黄宗仰等创立中国教育会；（3）吴敬恒、蔡元培等创立爱国学社；（4）陈去病、刘光汉（师培）等创立南社；（5）钮永建等创立军国民教育会；（6）章炳麟、徐锡麟等创立光复会；（7）黄兴、宋教仁、杨笃生等创立华兴会。那都是朝宗归海于中山先生的兴中会的。

三六　推行维新的第三步骤——办报纸

康、梁因戊戌的打击，在国内所经营创办的学校与学会，既扫地无余，那么他们第三个步骤是什么呢？是办报。

报，本来是中国流行最早的历代的“邸抄”，就是政府公报。至于现代新式报纸，是滥觞于鸦片战争以后若干年，香港及上海侨居外人所办之报纸。康有为已经明白知道：学校、学会、报纸，是三位一体、互相为用、缺一不可的。所以当在北京办强学会时，特派梁氏办报，那时所办的报，艰苦卓绝得可敬，而简陋幼稚得可笑。

> ……甲午丧师以后，国人敌忾心颇盛，而苦懵于世界大势。乙未夏秋间，诸先辈乃发起一强学会，今大总统袁公，即当时发起之一人也。彼时同人……最初着手之事业，则欲办图书馆与报馆。袁公首捐金五百，加以各处募集，得千余金，遂在后孙公园设立会所，向上海购得译书数十种，而以办报事委诸鄙人（梁氏）。当时固无自购机器之力，且都中亦从不闻有此物，乃向售《京报》处托用粗木版雕印，日出一张，名曰《中外公报》。只有论说一篇，别无记事。鄙人则日日执笔为一数百字之短文……当时安敢望有人购阅者，乃托售《京报》人随“宫门钞”分送诸官宅，酬以薪金，乃肯代送。办理月余，居然每日发出三千张内外。然谣诼蜂起，送至各家者，辄怒以目。驯至送报人惧祸，及悬重赏亦不肯代送矣。其年十一月，强学会遂被封禁。……（《鄙人对于言论界之过去及将来》）

这一事，是梁氏平生新闻事业开始的第一章，也是近代中国有正式意义的新闻开始的第一页。梁先生晚年还亲自对其昌说：“当时虽在极端艰难困苦之中，而兴趣极高。有时木版雕刻来不及印，甚至问用泥版凹文代印的，其可笑到如此，而同人等对之皆津津有至味。对于这报纸热烈帮助的，还有你们浙人张菊生（元济）、汪伯唐（大燮）、孙慕韩（宝琦）三公。”事隔三十年，梁先生对我讲述这段故事，还是眉飞色舞。因为那时的梁氏老早已经明白“学校的对象，是培植青年后起人才。学会的对象，是联络成年智识阶级。报纸的对象，是启发社会一般民众”的原理了。所以京师的强学会及《中外公报》，被封禁了，但这是初涌之潮，岂是人力所能遏制的！他们就转其帆以向上海。

三七　《强学报》与《时务报》

上海的强学会分会的情形，是怎么样的呢？初时由会中发行一种《强学报》，经济的支持是靠张之洞的。后来因为这《强学报》上常常不用“大清光绪……”纪年，而用“孔子降生……”纪年；这虽然可以说是模仿公历之以耶稣降生为纪年，但是把这位张大帅骇慌了！不得不勒令禁止。这班维新志士，哪里肯休；刚刚碰到梁启超转帆南下，就紧握机会，由黄遵宪、汪康年、梁启超、麦孟华、徐勤等名义发起，重组《时务报》，公推梁氏任总主笔。梁氏得以自由发挥其文豪的天才，也就在此报。于是声名隆起，甚至并驾其师，而曰“康梁”，也就在此时。更有一件趣事，梁氏的晚年学友——国际史学权威者王国维，此时正在时务报馆中当一名小书记，还没有资格和梁氏对面谈话呢！梁氏说：

> （丙申）二月南下，得数同志之助，乃设《时务报》于上海，其经费则张文襄（之洞）与有力焉。而数月后，文襄以报中多言民权，干涉甚烈。其时鄙人之与文襄，殆如雇佣者与资本家之关系。少年气盛，冲突愈积愈甚。……（《鄙人对于言论界之过去及将来》）

明年（一八九七）冬天，梁氏反抗资本家张之洞之压迫，便飘然远行，溯江而西，到长沙去大会群贤，轰轰烈烈地推行新政了。

又隔一年，便是戊戌（一八九八），梁氏重到北京，暂时脱离言论文笔生涯，参与实际政治运动，而演出一幕中国历史上划时代的、血迹永不磨灭的悲剧，就是人人所周知的所谓百日维新了。

第三章　维新的失败与革命的成功

——自戊戌变法至梁氏亡命

第十节　促成戊戌变法的原因

三八　综述

今先简要阐述戊戌变法的原因。原因甚不简单，为提纲挈领起见，可先分为外激的、内根的两大类：

（甲）关于外激的原因，又可分为远因、近因两大组。

（乙）关于内根的原因，亦可分为远因、近因两大组。兹分别备述之。

三九　外激的远因

（A）关于外激的远因，又可分下列四项述之：

（1）由于中国之闭关政策　康熙时代，那时西方的文艺复兴，科学发达，都还不久。康熙帝极为提倡欧洲文化，亲自学习拉丁文及代数，大量欢迎明末以来挟其科学而来华传教的、智德俱高的教士，一时中国吸收西洋文明，呈蓬勃之概，至少不在彼得时代的俄国之下。使能继续遵循此轨道，则中国之科学化、工业化，要提早三百多年！中国的国际地位和文化地位，后来绝不致堕入地狱的底层！不幸，簸弄中国命运者——雍正，因为他私人皇位的暗争，无端牵涉到宗教团体的暗争。他恨一班西洋教士，帮助他“文明而又仁慈”的政敌哥哥，接位之后，把西洋的文化人，全数驱逐出国！两扇大门一闩。从此以后，中华全国成了隔绝世界的孤岛，全体民族成了伏居土穴的老鼬鼠！世界天天在飞跃地进步，而满清宰制下的中国，夜郎自大，崇炫自己的文化，在那里闭着眼睛自吹自尊！譬如戴东原，这样自骄自夸的学者，竟说：“中国古代的算术，高出于西算！”对于西洋一切一切的进步与发明，懵然丝毫都不知道。郭嵩焘说了一句“现在的夷狄也有数千年文明”的话，京师的士大夫愤怒得发了狂！一八九七年（丁酉），意大利学者马可尼（Marconi）氏，已经发明无线电了；而在中国，也居然自称“学者”的叶德辉，正在同时大讲“五行之位首东南”，“五色黄属土，土居中央；中国人是黄种，天地开辟之初，隐与中位”等童话——长胡须老头儿所说的无耻又无味的童话。如果长此闭关下去，再昏昏颠颠地睡一千年，那么又当别论。可是这紧闭的大门，给英国“海盗型”的鸦片商，用炮舰来轰得七穿八洞！逼迫你允许卧榻之旁最肥美的所在，不客气地由他们兴家立业起来。辱国丧权的愤慨以外，单就这三百年来文化的飞跃与落伍，双方觌面的对照，美丑之别，不是盲人，都要感觉到无比的自愧与难堪，尤其是南方各省为甚。不过这批八股文人，智识太低，自私太重，素无国家民族的观念，合群参政的习惯（这是要杀头的），从没有伟大不怕死的民众领袖，为之代言、宣发、组织、领导，来实地行动罢了。那时忍着难堪之耻，稍有血性的文人，正苦于群龙无首之时，康、梁、谭等恰恰适合那时“文人阶级”中大胆不怕死的领袖。所以康有为某一次在杨椒山先生故宅松筠庵集合青年上书时，联名者约二千人。戊戌变法，可以说是闭关以后，中国文化突然落伍，受刺激的优秀民族，必然奋起的斗争。

（2）鉴于俄皇大彼得西化富强的歆羡　康氏第五次上书中，已经明白地胪陈三策。上策——第一策，是：

取法于俄、日二国，以定国是……

在大彼得以前不久，蒙古人奴役下的俄国，那时还是獉狂未开化的民族。大彼得正与康熙同时的，因他的不顾一切，实行欧化，居然二百年以后，跻于世界列强之林。蚕食中国的藩土——整个中亚细亚及西伯利亚，而反使中国仰之为文明上邦。这当然是刺激中国变法维新的一个有力的因素。

（3）由于列强之集中环攻　自从普法战争以后，欧洲保持四十年的武装和平。虽然他们的帝国主义，一天高涨一天；但是他们全部“贪欲的触须”，一齐伸展到远东的老大中国来，这是他们一致认为肥美而又丰饶的一块神秘大地。

……欧洲人之言曰：支那者，世界之天府也。世界之天府，当与世界共之，非一种人之所得私也（此欧人爪分主义）。亚洲人之言曰：支那者，亚洲之中坚也。亚洲之境壤，当亚洲自治之，非他种人之所得攘也（此日本独吞主义）。（《论日本东方政策》）

而日本有浮田和民者，著《日本帝国主义》一书，公然大声提倡日本独吞中国，他说：

……日本者，世界后起之秀，而东方先进之雄也。近者帝国主义之声，洋溢于国中；自政府大臣、政党论客、学校教师、报馆笔员，乃至新学小生、市井贩贾，莫不口其名而艳美之，讲其法而实行之。试问今日茫茫世界，何处有可容日本人行其帝国主义之余地？非行之于中国而谁行之？……

这十九世纪的后半期，如七八猛兽，环伺一牛。戊戌变法，是这潜力尚大的牛救亡图存的一吼。

（4）船坚炮利政策之失败　远在鸦片战争结束时，魏源已经深深感到外力压迫之可畏，所以他作《海国图志序》："是书何以作？曰：为师夷之长技以制夷而作。"在洪、杨之战时，就有一件重要而也有趣的故事：

有合肥人刘姓，尝在胡文忠公（林翼）麾下为戈什哈。……尝言：楚军之围安庆也，文忠曾往视师，策马登龙山，瞻盼形势，喜曰："此处俯视安庆，如在釜底，贼虽强，不足忧也。"既复驰至江滨，忽见二洋船鼓轮西上，迅如奔马，疾如飘风。文忠变色不语，勒马回营，中途呕血，几至坠马。文忠前已得疾，自是益笃，不数月，薨于军中。盖粤贼之必灭，文忠已有成算。及见洋人之势方炽，则膏肓之症，着手为难，虽欲不忧而不可得矣。阎丹初（敬铭）尚书，向在文忠幕府，每与文忠论及洋务，文忠辄摇手闭目，神色不怡者久之，曰"此非吾辈所能知也”。……（薛福成：《庸盦笔记》荩臣忧国条。按：后来阎敬铭供给创办海军费，最为热心，殆即根此。）

稍后李鸿章借戈登大炮之力，平定江南。他致书于曾国藩说：

> 西洋炸炮，重者数万数千斤，轻者数百数十斤。战守攻具，天下无敌。……俄罗斯、日本，从前不知炮法，国日以弱。自其国之君臣卑礼下人，求得英、法秘巧，枪炮轮船，渐能制用，遂与英、法相为雄长。中土若于此加意，百年之后，长可自立。

这西洋船坚炮利的实力，是为胡林翼、李鸿章等一班中兴元勋所亲自尝到滋味的了。于是急起做“皮毛”的模仿，譬如同治四年，曾国藩、李鸿章设江南机器制造局于上海。五年，左宗棠设马尾轮船制造局于福州。九年，曾、李又设北洋机器制造局于天津等，李鸿章的大脑中，自然充满着“中国文物制度，迥异外洋獉狉之俗”！（《李文忠公奏议》：所以只要：

> 中国但有开花大炮、轮船两样，西人即可敛手！（《与曾文正公书》）

白昼在那里做这样黄粱大梦，你们不要笑痛肚子。这一种皮毛维新适足更养成骄夸、懒惰、空虚的弊病。所以梁氏严格地批评李鸿章所行的新政，说他：

……知有兵事而不知有民政，知有外交而不知有内务，知有清廷而不知有国民，知有洋务而不知有国务。……（《李鸿章传》）

在这样的政治恶习下办出来的船哪里会坚，炮哪里会利！炮弹里面所装的是什么东西，李鸿章自然是不会知道的。可是，在同时模仿新法的日本，有一个严酷无情的对照。驻英国公使郭嵩焘报告说：

……日本在英国学习技艺者二百余人，各海口皆有之，而在伦敦者十九人。嵩焘所见有二十人皆能英语。有名长冈良芝助者，故诸侯也，自治一国，今降为世爵，亦在此学习法律。其户部尚书恩屡叶欧摩，至奉使讲求经制出入，谋尽仿行之。……而学兵法者绝少。盖兵者末也。各种创制，皆立国之本也。……（《郭筠仙集·上李中堂书》）

不错，中国些微有一点远见的士大夫都看透了那些枝枝节节的"船炮政策"绝对无用；而想从"立国之本"的"各种创制"上，来一番彻底的改革与维新。这就是酝酿十余年的维新思想，造成戊戌变法的原动力所由来。

四〇　外激的近因

（B）关于外激的近因，又可分下列四项述之：

（1）由于日本维新成功的鼓励　此项不烦详述。

（2）由于甲午战败国耻的教训　以自称"……尧、舜、禹、汤、文、武、周公、孔子的子孙文明神胄的堂堂中华”大国，而战败于边僻海岛的“虾夷”，这脸在地球上真是丢得又丑又苦！全国上下“五分钟热度”的血液，确曾一度沸腾。尤其身居九五的少年皇帝——清德宗，真和明末的崇祯皇帝一样，手忙脚乱，乱找宰相找到日本去了。日本变法维新、转弱为强、打败中华、吞并朝鲜的元功首相是伊藤博文。戊戌的前一年，伊藤博文适个人来华游历，中国的可怜士大夫不管三七二十一，哗然主张硬留伊藤博文做中国宰相。竟有这样的笑话，而居然掀动皇帝！

《清季外交史料》云：

> 光绪二十三年秋，伊藤来华时，一般士大夫……多主借才变法。宗人府主事陈懋鼎奏请召见伊藤。

其奏曰：

> ……应请皇上于伊藤甫来之时，即明降谕旨……令其预备召见。……皇上于其觐见时，宣中日和睦之谊，询彼国变革之序，于内政、外交，两有裨益。……（卷一百三十四页十九）

贵州举人傅夔，索性奏请留伊藤为相，以行新政。其奏曰：

> 奏为维新事重，执政无人，请破除成见，留相伊藤，以联日本，而行新政。……臣何以谓今日中国借助变法，莫如伊藤为宜也？日本，同洲之国，本与我同文。伊藤

又日本中兴之名臣，而首赞维新之治。一切制度宪法，皆其手订。……亡羊补牢，犹未为晚。可否……恳祈留相伊藤，借助变法，以行新政；并请预订年限，以操“用舍在我”之权，出自圣裁。国家幸甚！天下幸甚！（《军机处档案》）

当时那班白面文人的哀哀无告、惶惶求援的愁苦心理，以及环顾全国的茫茫无才、渺渺无望、束手待毙的窘态，真是由这一点上流露得深刻、活跃。上述二奏乃是病急乱投医、白昼做大梦的呓语：然而光绪皇帝居然召见：

当伊藤一行觐见光绪帝于勤政殿，伊藤奏曰：“外臣博文。此次来到贵国，系为漫游。本日蒙陛下召见，殊为光荣。恭维陛下改良旧法，力图富强，此于保全东亚局面上实有重要之关系。……”光绪帝说：“贵国维新以来之政治，为各国所称扬；贵爵对于祖国之功业，实无人不佩服。”伊藤答：“过蒙奖谕，万不敢当。臣不过仰礼我天皇陛下之圣谟，聊尽臣子之职分耳。”光绪帝说：“贵我两国，地势上同在一洲之内，最亲最近。目今我国改革，迫于必要。朕愿闻贵爵披沥其意见，请贵爵将改革顺序方法，详细告知总理衙门王大臣，予以指导。”伊藤答：“敬奉谕旨。王大臣如有谘询，臣依实际所见，苟有利于贵国者，必诚心具陈。”……（平冢笃：《续伊藤博文秘禄》页一二六至一二九）

这一幕有历史性价值的喜剧，足以证明光绪帝对于变法维新的意志如何的急迫，而寻求人才之失望又如何的凄惶。好了，隔了半年之后，有了全国文人的领袖——六度上书、名震中外的康有为，又有梁启超、谭嗣同、杨深秀等一班得力的干部。徐致靖推荐了，张荫桓推荐了，师傅翁同龢又说“其才胜臣十倍”了。这还不是中国的伊藤博文吗？梁、谭、杨等一班羽翼，这还不是中国的岩仓、大久保、木户之流吗？何必与虎谋皮，借才于四年前的国仇呢？所以光绪帝得着康、梁、谭等，真是如获至宝！纵然康氏所上的书内有“求为长安布衣而不可得！”及“不忍见煤山前事！”等大逆不道之言，帝仍一笑置之。说“康某何不顾生死乃尔，竟敢以此言陈于朕前”，反而更加器重。所以戊戌变法，可称为甲午战败后的教训所促成必然的结果。

（3）由于瓜分惨祸的迫切　光绪二十三四年（即丁酉、戊戌），全世界瓜分中国的阴谋与计划，已达于最高潮了。俄国在东三省的军队，无论如何不撤。“德帝张其贪欲的饿眼”，向远东找殖民地不得而焦躁。恰好一八九七（丁酉）年，山东胶州杀了两个德国传教士，德帝就把它做成惊天动地的文章，因而奠定了欧、日各国瓜分中国的局面。蒋介石著《中国之命运》，对于戊戌一年瓜分的实情与危机，有简要详明的叙述：

（甲）英国　在甲午之前，列强已有在中国领土上划分势力范围的先例。英国于割取香港之后，于道光二十六年（一八四六）中英退回《舟山条约》，即明定清廷“不以舟山等岛给与他国”的字句。光绪二十年（一八九四）中英《滇缅界务及商务专约》，亦明定清廷“不将孟连与江洪之全地或片土让与别国”。甲午之后，光绪二十四年中英《威海卫租借条约》划威海卫为英国租界地，《九龙租界条约》划九龙为英国租借地（按：租借期均九十九年。九龙问题至今未解决）。光绪二十五年，英俄相约：划长江流域为英国建筑铁路范围，这时候英商福公司又取得山西、河南两省的采矿权。

（乙）法国 法国占据越南之后，于光绪二十三年又取得清廷“海南岛不割让与他国”的保证。光绪二十四年又取得“广东、广西、云南三省不割让与他国”的保证。在这个时候，他先后取得延长龙州铁路，建筑滇越铁路及开采两广、云南矿山之权。光绪二十五年，他又与清廷订立《广州湾租借条约》，划广州湾为其租借地（期限也是九十九年——其昌注）。

（丙）德国 德国于光绪二十四年，与清廷订立《胶澳条约》，划胶州湾为德国租借地（期限也是九十九年。这是开全世界破天荒的先例！——其昌注），并允德国建筑胶济铁路及开采铁路沿线三十里以内矿产。

（丁）帝俄 帝俄于光绪二十二年，与清廷订立华俄道胜银行合同与东三省铁路合同，划东三省为其势力范围。复于光绪二十四年租借旅顺、大连湾（这是抵制德国势力的扩张而急起直追的，所以也效颦期限为九十九年！——其昌注），并以续约取得旅、大一带铁路矿山工商各特权。光绪二十五年，英俄两国相约：划分长城以北，为帝俄建筑铁路范围。

（戊）日本 日寇于占领我澎湖、台湾以后，于光绪二十四年，取得清廷“不割让福建省及其沿海一带与

他国”的保证。……（《中国之命运》第二章页三一至三二）

蒋介石于是在总结中，严肃地告诫全国：

> 列强划分中国各地为他们的势力范围，亦就是做瓜分中国的准备！瓜分的惨剧，虽未实现，而路矿、工商等权，已经被列强分割净尽！（同上书页三二）

瓜分的实祸迫在眉睫，所以在戊戌（一八九八）的春天，康氏的活动中心保国会，连张之洞、袁世凯诸人，都愿意做发起人或会长。两个月以后，在野的怪杰康有为，已一变而为帝皇心腹，最有权力的无冕宰相了。

（4）鉴于土耳其不变法而衰弱的覆辙　当时连蕞尔的藩属小国如暹罗也努力奋起，变法图强。独有近东的土耳其，远东的大清，两个老大病夫，在奄奄一息的状态下，忍受着做世界列强分割肢体的“解剖对象”！这算是悬在中国对面一方镜子。康有为所进呈的——《突厥（土耳其）衰亡史》、《波兰灭亡记》等历史，听说光绪帝读之，有时至于泪下的。变法的决心，乃愈益坚定而迅速。

四一　内根的远因

（C）关于内根的远因，又可分下列四项述之：

（1）由于乾、嘉以来养成政治上传统恶习的溃决　清朝中叶以后，政治、社会各方面不可收拾的腐状，已叙述于第一章，此不复及。至于政治上的恶习，也由于清初对于汉官吏压制逼迫得过甚所致，一件政治如果发生毛病，汉官吏只要参与丝毫意见，就得负连带责任，革职、查抄家产、谪戍、斩决、妻子发功臣家为奴！连珠似的天威下来了。久之，养成汉官吏发明二项求生存的秘诀：一是不负责，二是蒙蔽掩饰。一位终身平稳的宰相八十岁做寿时，许多门生拜请官运亨通的秘诀，他说这是千金秘方："多磕头，少说话，遇事莫出主意。"果能守此三诀，定可保证由少年时的部郎，升到龙钟时的宰相而毫无波折。故"不负责"三字，乃清代"官场经"中的天经地义。谈到上下蒙蔽的恶习，我先借用龙启瑞的一封信来看看：

……抑某窃有进者……今之督抚，不肯担待处分（不负责），又乐以容忍欺饰为事（蒙蔽）。有一二能办之员，且多方驳饬之，使逆知吾意不敢为。然督抚亦非真以为事之宜如此也，大抵容身固宠，视疆场若无与！苟及吾身幸无事，他日自有执其咎者。又上之则有宰相风示意旨，谓水旱、盗贼，不当以时入告，上烦圣虑！国家经费有常，不许以毫发细故，辄请动用。……为督抚者……夙昔援引迁擢，不能不借助于宰相；如不谘而后行，则事必不成而有碍，是以受戒莫敢复言。盖以某所闻皆如是也。……（龙启瑞：《上梅伯言书》）

地方官吏，被中枢逼诱而养成不负责与蒙蔽的恶风如此！中央方面本身如何呢？道光时的首相曹振镛，曾奏说：

今天下承平，臣工好作危言，指陈阙失，以邀时誉。若遽罪之，则蒙拒谏之名。惟有挟其细故之舛谬者，交部严议；则臣下震于圣明，以为察及秋毫，自莫敢或纵。……

这是教皇帝以蛇虺为心、暗箭杀人、以吃热血青年的阴毒恶计。当然是纳用的，继任的宰相穆彰阿，尤为不堪！以致与穆氏同样地位的大学士王鼎，欲揭发穆氏的奸状，乃至先自杀而后尸谏。惨到如此！然而他尸谏的遗疏，还是给穆党威迫利诱地夺去，换一个不相干的假遗疏，真更惨了！（见薛福成《庸盦笔记》蒲城王文恪公尸谏条）这类恶风，曾国藩名曰“掩饰弥缝，苟且偷安”。这种蒙蔽的结果，不但国泰、王亶望、陈辉祖、郝硕、伍拉纳等贪款至数千百万，皇帝不知；甚至如和珅的贪污赃款至黄金八万万两，抵全国国库十年的总收入，在未抄以前，也还蒙在鼓里呢！这偷安的景象，如广西巡抚郑祖琛，在洪、杨已起时，还在那里饮酒赋诗。而两广总督叶名琛，在英军攻破广州时，正在那里敲木鱼念佛。——粤人名之曰“六不”：谓“不战！不和！不守！不死！不降！不走！”由于官场而影响及民间社会，于是清末中国社会做人的金科玉律是：“天下本无事，庸人自扰之”，“多一事不如少一事”，“大事化小事，小事化无事”，“吹皱一池春水，干卿底事”，“饮吃三碗，闲事不管”。而“好事之徒”、“生事之辈”，成为诅骂危险分子的代名词。于是数百年肮脏、蹋趾、龌龊、腐烂，一起积蓄壅滞、酝酿发酵起来，全中国成了一只腥秽冲天的臭水缸！浸在臭水缸里的，凡是血液清洁的青年，人人要决破这缸而出。所以世人要“无为”，康氏偏改名为“有为”。世人要做大官，而中山先生偏教人“不要做大官，要做大事”。世人教人“不要生事”，而中山先生偏教人“你去找事做”等例。这都是要把三百年来全中国壅积的腥臭，来一个通气、决口、洗涤、扫荡的工作。但工作的方法手段不同：康氏所领导的戊戌变法，乃是一种通气、决口的部分洗涤工作，所以必然短期内失败；而中山先生所领导的民族革命、复兴中华工作，乃是根本倾覆这臭水缸，大家跳入新的空气、阳光、水流之中，所以会久远地成功。

（2）由于窥破满清控制力减低　满族初入关时，挟其兵农合一方锐之气，平流寇，平“忠义的前三藩”——弘光（福王）、隆武（唐王）、永历（桂王），平“叛逆的后三藩”——吴三桂、耿精忠、尚之信，摧枯拉朽，当之者靡，明人惊为神兵。及至康熙帝，平喀尔喀（外蒙全部），平准噶尔（新疆全部），平卫、藏全部，及乾隆帝“十全武功”以后，那么全亚洲都惊满洲八旗兵为神兵了。中叶后的清兵，凭其“神话式的威力”，倒仍可以震慑全亚洲；但若要一按其实际，则纸老虎已经泥水淋漓，不堪一击了。不必到道光时鸦片战争，这纸老虎才土崩泥溃，即在嘉庆时八旗兵腐败无能的状况，已经达到惊人的程度。稻叶君山《清朝全史》记嘉庆初清兵剿川、楚教匪的情况云：

> 常备军之腐败……不但八旗兵已也，绿营腐败，亦复相同。当交战时，雇兵、乡勇为先锋，汉人之绿旗营次之。其素称骁勇绝伦之满洲兵、吉林兵及索伦兵在最后。贼军亦然，亦驱难民以当锋镝，真贼在后观望。乡勇与难民交战，而官兵与贼兵不相值！倘乡勇伤亡，匿而不报。或稍得胜利，即取以为己功！然与贼会之时甚稀，多不当贼锋，如某某将军（按：即永保），惟尾追而不迎击，致有“迎送伯”之绰号。甚至地方村民，预备粮饷，请其出兵，拒而不纳！常求无贼之地驻军！……

这就是乾、嘉全盛时八旗精兵的武功！再看看他们的军纪：

……军中费用之侈，骇人听闻，据当时从军者言：兵饷多为管粮员所侵蚀，实际待遇士兵甚薄。聊举一例：时有建昌道石作瑞者，侵蚀五十万两。但非其自贮，不过用以延诸将帅宴饮而已。尝于深箐荒麓间，供一品五六两之珍馐。一席至三四十品之多。有某尚书初至阵中，彼赠以珍珠三斛，蜀锦一万匹，他物称是。……（《清朝全史》上，第四十九章）

在这乾、嘉之际的征剿川、楚教匪一事，已可显著地证明满洲八旗的衰落和汉人军队的渐盛，不必等待洪、杨以后湘、淮军的兴起。从乾隆末年剿教匪时，负责平匪的满洲大帅，如湖北都统永怀镇守湖北，总督宜绵讨伐陕西，福宁英扫荡四川，不但无一不败，且只有扩大匪祸！扰攘八九年，而最后平定教匪的，最勇猛无敌而亦最勤劳立功的，乃反出于汉族中新挺起来的杨芳、杨遇春二将军。此时已透露满、汉两民族武德消长的征兆。至于鸦片战争时，八旗兵土崩瓦溃的丑状，甚至使英军吃惊的。王钧曾记当时八旗兵的实况说：

……奉调之初，沿途劫夺。……抵粤以后，喧呶纷扰，兵将不相见。遇避难百姓……攘取财物。教场中互相格斗，日有积尸！……尽夺十三行，背负肩担而去。呼群结党，散赴各乡，累日不归，不知所事！……百姓以兵不击贼，反阻民勇截杀，自是咸怀愤激，益轻视官兵矣！

（王钧：《金壶浪墨》）

汉民族初时对于满族武力的畏惧，扫地无余，已由“轻视”而进于“鄙视”，尤以粤人为甚。所以秀才、举人等白面书生，也竟敢明目张胆起来要求改变“祖宗的成法”，以求国家的生存。这是戊戌变法能得国内多数智识分子同情与影响的缘故。

（3）由于洪、杨乱后实际政权的转移　因洪、杨之乱及其平定，而清代实际政治权力暗中转移甚大，以民族说，大权分于汉族；以政治说，大权分于地方。正当洪、杨势盛之时，八旗兵的无用，固然是腾笑天下，而满洲官吏之无能，也颇可遗羞后世。此时正是肃顺当权时代，他倒有自知之明，知道那时满人的泄气，汉人的方兴，这场大难，非汉人绝对不能平定，力劝成丰帝重用曾、胡、左等一班新人，赋予相当权力，使之立功。薛福成曾记：

……时粤贼势甚张，而讨贼将帅之有功者，皆在湖南。……惟肃顺知之已深，颇能倾心推服。平时与座客谈论，常心折曾文正公之识量、胡文忠公之才略。苏、常既陷，何桂清以弃城获咎，文宗欲用胡公总督两江，肃顺曰：“胡林翼在湖北措注尽善，未可挪动。不如用曾国藩督两江，则上下游俱得人矣。”上曰：“善。”遂如其议，卒有成功。左文襄公之在湖南巡抚幕也，已革。永州镇樊燮控之都察院；官文督湖广，复严劾之。廷旨：“如左宗棠果有不法情事，可即就地正法！”肃顺告其幕僚……转告郭嵩焘。郭公闻之大惊，求救于肃顺。……上果问肃顺曰：“方今天下多事，左宗棠果长军旅，自当弃

> 瑕录用。”肃顺奏曰：“闻左宗棠在湖南巡抚骆秉章幕中，赞画军谋，迭著成效。骆秉章之功，皆其功也。人才难得，自当爱惜。请再密寄官文，录中外保荐各疏，令其察酌情形办理。从之。……文襄勋望遂日隆焉。（《庸盦笔记》肃顺推服楚贤条）

到洪、杨平后，这汉、满两族政治能力的实际竞赛，结果揭晓，相差得实在太远了。自此以后，满人所死力独霸、丝毫不松的政权，不得不被汉人分去了一半。至于中央政权被分于地方的因果，李剑农说得很明：

> ……在洪、杨战役期中，许多人的巡抚、总督位置，全由军功取得。一面做督抚，一面带兵打仗，如江忠源、胡林翼、李鸿章、左宗棠、刘长佑等不计其数。……此后的督抚，不惟有领兵之权，并且兼有随意编练军队之权。……地方编练军队，虽须奏明……皇帝因为急于平乱，只要地方有办法，没有不裁可的。裁可后即由各地方疆吏自由施行。需要补充或扩大额数时，又用同一办法，一面奏报，一面办理。湘军、淮军都是由此种程序成立及扩大的。……概括起来，清政府地方势力，在此期中的变化，不外两点：一、督抚取得军事上的实权，其势渐重；二、军队由“单元体”化为“多元体”，中央失去把握之权。……（《中国近百年政治史》第二章）

戊戌变法，换一个方向的看法，也可以说是和平的政治革命，非在上述的形势下，是没有发动的可能的。上述的实际形势，也是戊戌变法一个最大的诱因。

（4）由于咸、同之际宫廷政变的结果 清廷之亡，亡于太后那拉氏一人，这是天下万世的公评。那拉氏（即西太后慈禧太后）本为咸丰帝的侍妾。稍通文字，小聪明而性险刻。咸丰帝已深恶之；帝病于热河，恐身后那拉后造祸，半夜与肃顺商议，先行赐死。时无第三人闻者，不意太监李莲英在窗外守夜，闻之。宫门已键，爬狗洞而出，密告于那拉氏。那拉氏即于半夜叩太后寝宫，哭诉求救命。明晨，咸丰帝朝其母，太后大怒，责其何以无故杀人？帝愕然，力辩其无。此事遂寝。故那拉氏终身恨肃顺入骨，而爱李莲英入髓。又据《春冰室野乘》所记，咸丰帝实为那拉氏所毒弑；帝临崩时，有人在窗外闻帝作怒恨声，连呼“翠儿！翠儿！你好忍心！”翠儿是那拉氏的小名，似乎咸丰帝已发觉中了翠儿的毒手。这翠儿可偏偏生了一个儿子载淳——同治帝。正后无子，后来称“东太后”。那拉氏因为是同治帝生母的缘故，后来称“西太后”。咸丰帝崩后遗诏，以怡亲王载垣、郑亲王端华、户部尚书肃顺（端华胞弟）及军机大臣中兵部尚书穆荫、吏部左侍郎匡源、礼部右侍郎杜翰、太仆寺少卿焦佑瀛、御前大臣额驸景寿等八人为赞襄王大臣。此时同治帝年仅六岁，这八人实为那时中国的最高权力者，而肃顺尤为其中的灵魂。议定改年号为“祺祥”，已经铸了“祺祥通宝”的钱了。可是不久这心狠手毒的那拉翠儿，运用她阴忍险刻的手段，突其不意，先发制人，把肃顺处斩，端华、载垣赐死。否认赞襄王大臣的遗诏，她便自称“太后”，违背清代祖宗三百年的家法，居然垂帘训政起来，“牝鸡司晨”，中国从此便堕入地狱的深渊！所以这次大政变，绝不是宫廷间私人之争，而是关系全国百年的大计，汉族大臣凡是属于肃顺政治系统的，无不人人栗栗危惧，胡林翼闻此大变，就在同年忧愁死了。曾国藩也屡次想自杀。要不是洪、杨未平，这班人都会斩草不留根的。立了儿皇帝载淳以后，东太后相当安分公正，西太后则放僻邪淫，无所不为！连她自己亲生儿子同治帝，也深恶他母亲的丑声四播而引起强烈的反感。西太后所信任、所狎昵的，只有太监；此外无贤，无尊，无亲，无贵，无大臣百官；至于国家与百姓，那即使分解她全身每一颗细胞都是找不出来的！天地之间，只有她与太监。自从东太后授意丁宝桢杀了太监安得海以后，这位老姨太太不耐烦了，她就再用前此谋杀亲夫的秘诀，毒弑了正宫东太后。这是恽毓鼎《崇陵传信录》记载得很明白的。从此以后，中国最高的政治权力，表面上是属于儿皇帝一人，事实上却在西太后一个人手里，骨子里却属于太监李莲英一人。所谓议政亲王、军机大臣，一齐要向这“皮哨李”（李莲英的绰号）垂手低头，连声道“是！是！是！”而退。以中国五千年悠久的文明，三千万方里博大的土地，四万万五千万优秀的人民，而把这全副命运，放在一个目不识丁、鸦片入骨、不阴不阳、非人非物的怪东西——“皮哨李”手里，呜呼哀哉！所以全国，不论何种阶级，上至帝后（包括东太后、同治帝后、光绪帝后在内），下至平民，一致痛恨西太后与“皮哨李”，真是深恨入骨，但敢怒而不敢言耳。戊戌变法，就是国中勇敢不畏死的青年，企图与皇帝合作，起而推翻西太后与李莲英统治的政治革命！

四二 内根的近因

（D）关于内根的近因，又可分下列四项述之：

（1）由于帝、后本身的争权 从上述远因第（4）项政变的波浪下来，同治帝亲母子之间，恶感日深。西太后真是个“恶婆娘”，甚至干涉儿子媳妇的燕好，同治帝愤而外游，得不名誉的病而死。西太后愤亲生子不孝，不为他立嗣，使同治帝绝代。书呆愚忠吴可读先行自杀，然后以遗疏尸谏，请为“大行皇帝立嗣”（刚死的皇帝称大行皇帝），白白牺牲了生命，除了令人作呕的传旨嘉奖以外，一切完了！西太后于是重立一个更小的儿皇帝，是她亲妹妹所生的，只有四岁的载湉——光绪帝。当开分谤的御前会议时，有人主张援立溥伦，西太后厉声斥责：“溥字辈一概不要！”这一吼，吓得亲王大臣面面相觑，谁还敢逆“河东狮”的淫威！一个个喏喏连声而退。这一来，把一位天真活泼的小朋友载湉，生生地抓入紫禁城的牢狱中去，判了长期徒刑三十四年，而后“就狱正法”！这就是光绪皇帝的生活史。西太后何以主张“溥字辈一概不要”呢？这里有三个秘密原因：（一）最大的一点，是她“专制到死主义”。立了“溥”字辈，她的地位是祖母了，是太皇太后了，那时老脸再“难为情”垂帘训政了。所以仍立“载”字辈，她以养母及皇太后资格，专权专到死！（二）其次的原因，依然是“专制到死主义”，如果立了“载”字辈的年长的人，他便不服从你指挥了。所以抓到只有四岁的小孩，那便是她和李莲英的玩物了。（三）最后是她对亲生子的泄愤主义。若立“溥”字辈，就是默认是同治帝之后了。偏立“载”字辈，使这不孝亲母的“忤逆子”绝嗣。光绪帝做了三十年囚徒，而有甲午中日战争的大败。这三十年中间的天灾、人祸，内忧、外患，百孔千疮，实难尽记。这青年皇帝——不，青年囚徒！——眼看着国家快要亡了，而亲爸爸和皮哨李的荒淫，反日甚一日！想要有所改变补救而手无寸柄，鳏寡孤独，除了一位七八十高龄的老师傅——翁同龢以外，茫茫宇宙间，竟举目无一个亲人！又忍无可忍，闷闷地再做四年囚徒，到了戊戌年，忽然上天降下了一个怪杰康有为，领导了一批少壮干部及数千人附和的青年羽翼，及全国翕然同情的舆论，肯自动帮他这个“寡人”来变法维新，他真是欢喜得有感谢上苍、天佑中国的心绪，所以信任康有为的彻底及变法动作的迅速，真是古今所罕见的。百日维新所以突然如火焰一般地怒起，这是一个最大的近因。

（2）由于满洲贵族不满汉族地主情感的表露化　据上述，光绪帝因急欲解除其囚徒的地位，而真正取得皇帝的权力，不得不完全重用汉族人才，以达成其目的。洪、杨乱平，捻党又清，新疆收复，回乱重定，大功多出于汉人，这引起了满洲贵族的嫉妒、愤怒、恐惧，而无可如何！今见皇上又一味重用汉人，不平之气更甚。满人如刚毅、荣禄，且明目张胆昌言排汉。这在汉人岂有不知之理，梁氏的著作内就叙述甚详（均见下）。但西太后和李莲英的荒淫政治，对中国固然是推入地狱；对满族，岂不是更打入泥犁吗？所以识大体的少数满洲人，也竟有同情于光绪帝及汉族青年的维新变法运动的。譬如杨深秀的密友文悌：

> 御史文悌者，满洲人也。以满人久居内城，知宫中事最悉。颇愤西后之专横，经胶、旅（之役）后，虑国危。文君门下有某人者（按：即大刀王五），抚北方豪士千数百人。适同侍祠，文君语君（杨深秀）宫中隐事，皆西后淫乐之事也。既而曰：“君知长麟去官之故乎？长麟以（皇）上名虽亲政，实则受制于后，欲请上独揽大权。曰：西后于穆宗则为生母，于皇上则为先帝之遗妾耳。天子无以‘妾母’为‘母’者！其言可谓独得大义矣。”君（杨）然之。文又曰：“我奉命查宗人府囚，见澍贝勒（按：即溥澍，同治帝有遗诏欲立之为后者），仅一裤蔽

> 体，上身无衣，时方正月祁寒，吾怜之，赏钱十千。西后之刻虐皇孙如此！盖为（皇）上示戒，故上见后辄颤！此与唐武氏何异？”因慷慨诵徐敬业讨武氏檄“燕啄王孙”四语，目眦欲裂。君（杨）美其忠诚。（文）乃告君（杨）曰：“吾少尝慕游侠，能逾墙，抚有昆仑奴甚多；若有志士相助，可一举成大业。闻君门下多识豪杰，能觅其人以救国乎？”君（杨）壮其言而虑其难。……（《杨深秀传》）

可见当时主张维新、改革的志士，固然是以汉族为中坚，但也有少数的满人参入。而守旧、顽固分子，固然多属于满族的朝贵，而汉族的守旧派，如许应骙、杨崇伊之流，也反对变法。老实说：到了戊戌年间，维新派与顽固派，对于统治中国政权的争夺，已经走到图穷匕现、短兵相接的阶段了，因之发生了像百日维新这样一幕刀光血影的精彩悲剧。

（3）由于中山先生领导革命运动的亢进　概括地说，亡清末叶的三十年间，中国人的思想畴范，约可分四个时期：从光绪初年至甲午之战，是以李鸿章为中心时期；从甲午之败至戊戌变法，是以康有为为中心时期；从戊戌变法失败至日俄战争，是以梁启超为中心时期；从甲辰帝俄战败至辛亥革命，是以中山先生为中心时期。但此只是就中上社会及智识分子的表面部分而言，而实际上中山先生所领导的革命工作，已逐渐深入人心，弥漫全国；清廷亦不得不承认这才真是致命的隐忧大患！在初时，八股秀才们不免认“孙文为红眉毛、绿眼睛的公道大王”（吴稚晖先生语）。但至戊戌、庚子之间，中山先生“驱除鞑虏，恢复中华”的光明大义，已逐渐宣白于天下。中山先生自说：

……经此（庚子惠州之役）失败而后，回顾中国之人心，已觉与前有别矣。当初次之失败也，举国舆论，莫不目予辈为乱臣贼子，大逆不道，咒诅谩骂之声，不绝于耳。吾人足迹所到，凡认识者几视为毒蛇猛兽，而莫敢与吾人交游也。惟庚子失败以后，则鲜闻一般人之恶声相加。而有识之士，且多为吾人扼腕叹惜，恨其事之不成矣。前后相较，差若天渊。吾人睹此情形，心中快慰，不可言状；知国人之迷梦，已有渐醒之兆。（《建国方略》）

戊戌与庚子，只差二年，而中山先生之革命风潮，已澎湃如此。清德宗及其一部分大臣，自然感觉到变法维新，尚可苟且保全宗社。这是“害取其轻”的原则，所以急剧地厉行变法改制。

（4）由于国内舆论倾向维新之渐渐成熟　上章已述甲午以后，国内各地各种学会已风起云涌。这种学会，都是造成维新党与革命党的苗圃。同时西洋新学说，无可阻遏地如潮水浸入，国内的民智无可封锁地日益开启。绝非老朽官僚张之洞的《劝学篇》，冬烘学究叶德辉的《翼教丛编》等覆瓿著作所能挽阻。而同时旅华公正之外人，复为启发中国民智之事，尽侧面之努力。稻叶氏云：

……此时在上海之外人，乃对于民间风气之革新而乐为助力。其最著者则广学会也。广学会者，一八八八年（光绪十四年）在中国之英、美宣教士及学士等所组织。

> 其中知名之士，以林乐知、丁韪良、慕维廉、艾约瑟、李佳白等为最著。其目的在启发中国之新智，辅翊中国之自强。其最初在翻译新书，发行杂志，如《泰西新史揽要》、《文学兴国策》、《治国要务》、《自西徂东》、《列国变通兴盛记》、《万国公报》等，皆有唤醒中国之价值。……广学会知中东战后，中国渐有觉悟，乃派李提摩太于北京，周旋于名公巨卿之间，讲善后之策。当时推李提摩太为官书局教习，固辞；其言曰：官书局教习之地位……所成就不过数十百人。……不如为广学会尽力，扩大其规模，以培养将来中华之人才，赞助智德之发达也。……（《清朝全史》第八十二章）

所以到了戊戌年间，维新运动已呈瓜熟蒂落的现象。除了冥顽无耻、卖身求荣的少数败类以外，都可以说是渴望政治改革有如甘霖的了。

第十一节　戊戌变法史剧的绘影

上述戊戌变法的内、外、远、近的原委因素，以及政治的、外交的、社会的、文化的各种背景环境，都加以综合的、客观的详述，读者也早已了然戊戌变法的真实性质了。再回头来看经过的事实，自然更容易心领神会、彻底了解了。这一幕悲壮、简短而重要的史剧，其经过的史迹如下。

四三　痛哭流涕时代的最后请愿

光绪二十四年戊戌，因德人的强占胶州湾，引起俄人立即强占旅顺、大连湾，英人强占威海卫，法人强占广州湾，甚至意人也要强占三都澳，国人大惊，看见瓜分之刀已在颈上，奔走号呼，保国会之类便在各地涌起。幽居深宫的二十九岁皇帝清德宗，也忧愁得要死，问他唯一的亲信人老师傅翁同龢，到底还有什么办法没有？老师傅实在太老了，难当起弱图强的重任，于是推荐六度上书、名满天下、羽翼丰盛的新进士康有为。同时徐致靖、张荫桓、李端棻、高燮曾等一班大官，又疏荐康氏。康氏又复痛哭流涕地最后一次上书，有激切的透论，及详备的规划。梁氏扼要记着：

> 康先生之上皇帝书曰："守旧不可，必当变法；缓变不可，必当速变；小变不可，必当全变。"又曰："变事而不变法，变法而不变人，则与不变同耳。"故先生所条陈章奏，统筹全局者，凡六七上其大端在请誓太庙以戒群臣，开制度局以定规模，设十二局以治新政，立民政局以行地方自治；其他如迁都、兴学、更税法、裁厘金、改律例、重俸禄、遣游学、设警察、练乡兵、选将帅、设参谋部、大营海军，经营西藏、新疆等事，皆主齐力并举，不能支支节节而为之。而我皇上亦深知此意……（《政变原因答客难》）

又请泯满、汉民族之界限。梁氏又记：

> ……康南海之奏对，其政策之大宗旨曰："满汉不分，居民同志。"斯言也，满洲全部人所最不乐闻者也，而我皇上深嘉纳之。……（《论变法必自平满、汉之界始》）

光绪帝全部接受了康氏的意见，随即于四月二十三日，下诏定国是。于四月二十八日召见康氏，即任命康有为在总理各国事务衙门行走。又召见梁氏，即赏举人梁启超六品衔，命办大学堂、译书局事务。在帝的本意，自然要以更重要的位置畀予康、梁，可是二品以上大员的黜陟，都要向颐和园请命，那麻烦了。故暂给以小官，而实赋予大权。从此以后，康、梁便得发抒其胸中的抱负了。所谓百日维新，便自此开始了。

四四　新政要纲一览

但轰轰烈烈开幕以后，所演的戏可并不伟大。举其重要节目如下：

（一）命自下科始，乡会试及生童岁科各试，向用四书文者，改策论。

（二）定乡会试随场去取之法，并推行于生童岁科试。

（三）停止朝考。

（四）命删改各衙门则例。

（五）命于京师设立农工商总局。

（六）下裁汰冗官令，命裁撤：詹事府、通政司、光禄寺、鸿胪寺、太仆寺、大理寺衙门；湖北、广东、云南三巡抚；并东河总督缺。其各省不办运务之粮道，向无盐场之盐道，亦均裁撤。其余京、外应裁文武各缺，命大学士、六部、各省将军、督抚，分别详议以闻。

其余尚有不成片段的小新政，从略不举。即此戋戋的新政，在我们今日看来，不但距离国民的政治理想，有隔世之感；比较日本明治维新的规模，有天渊之别；即就康有为所上的条陈而言，也还有千里之差。然而在清德宗看来，却总算是大刀阔斧的了。就是上列几桩新政，从四月行到七月中旬，似乎行得顺手起来，召谭嗣同进京。旋发上谕，“内阁候补中书林旭江苏候补知府谭嗣同，均赏加四品卿衔，在军机章京上行走”。这就是名震一时的“四京卿”。梁氏说：

> ……自四卿入军机，然后皇上与康先生之意，始能少通、锐意欲行大改革矣。（《谭嗣同传》）

于是在七月二十七日，光绪帝宣布堂皇的上谕：

> 国家振兴庶政，兼采西法。诚以为民主政，中西所同；而西人考究较勤，故可以补我所未及。西国政治之学，千端万绪，主于为民开其智慧，裕其身家；其精者乃能美人性质，延人寿命。凡生人应得之利益，务令其推广无遗。朕夙夜孜孜，改图百度。岂为崇尚新奇，乃眷怀赤子，皆上天之所畀，祖宗之所遗；非悉使之康乐和亲，朕躬未为尽职。今将变法之意，布告天下，使百姓咸喻朕心，共知其君之可恃。上下同心，以成新政，以强中国，朕不胜厚望！（《爱国论》所引）

四五　磨折的警报

此时也许就是光绪帝皇威发扬到顶点的时候了吧！在此略前，光绪帝想乘机黜退几个守旧大臣，立一点主子的威风，便借一件事把礼部的满、汉两尚书四侍郎——都是最顽固分子：怀塔布、许应骙、堃岫、溥颋、徐会澧、曾广汉，一齐革职。哪知道怀塔布的妻，是侍奉那拉后得宠的老妈子，便向“老佛爷”哭诉起来，“老佛爷”于是勃然大怒，光绪帝便惶悚害怕起来，据梁氏述：

（七月）二十九日，皇上召见杨锐，遂赐衣带诏，有“朕位几不保”、“命康与四卿及同志速设法筹救”之语。……（《谭嗣同传》）

据恽毓鼎所述：

谭、杨愤上之受制，颇有不平语。上手诏答之，略谓：“顽固守旧大臣，朕目无如何。然卿曹宜调处其间，使国富兵强，大臣不掣肘，而朕又上不失慈母之意。否则朕位且不保，何有于国！”于是蜚语浸闻于西朝。（恽毓鼎：《崇陵传信录》）

四六　谭、袁半夜的壮剧

那时怀塔布及杨崇伊等早与荣禄阴谋废光绪帝。嗾走狗李盛铎奏请帝奉太后至天津阅兵，荣禄因以武力实行废立。帝明知天津便是他自己“正法的刑场”，可是不得不下谕九月奉太后至天津阅兵！康有为这班人真急慌了，怎么办呢？不得已想到求救于袁世凯。

君（谭嗣同）与康先生捧诏（表带诏）恸哭，而皇上手无寸柄，无所为计。时诸将之中，惟袁世凯久使朝鲜，讲中外之故，力主变法。君密奏请皇上结以恩遇，冀缓急或可救助，词极激切。八月初一日，上召见袁世凯，特赏侍郎。初二日复召见。初三日夕，君径造袁所寓之法华寺，直诘袁曰："君谓皇上何如人也？"袁曰："旷代之圣主也！"君曰："天津阅兵之阴谋，君知之乎？"袁曰："然，固有所闻。"君乃直出密诏示之曰："今日可以救我圣主者，惟在足下。足下欲救则救之。"又以手自抚其颈曰："苟不欲救，请至颐和园首仆而杀仆，可以得富贵也！"袁正色厉声曰："君以袁某为何如人哉！圣主乃吾辈所共事之主，仆与足下，同受非常之遇；救护之责，非独足下，若有所教，仆固愿闻也！"君曰："荣禄密谋，全在天津阅兵之举。足下及董、聂三军，皆受荣所节制，将挟兵力以行大事！虽然，董、聂不足道也，天下健者，惟在足下。若变起，足下以一军敌彼二军，保护圣主，复大权，清君侧，肃宫廷，指挥若定，不世之业也。"袁曰："若皇上于阅兵时疾驰入仆营，传号令以诛奸贼，则仆必能从诸君子之后，竭死力以补救。"君曰："荣禄遇足下素厚，足下何以待之？"袁笑而不言。袁幕府某曰："荣贼并非推心待慰帅者，昔某公欲增慰帅兵，荣曰'汉人未可假大兵权'，盖向来不过笼络耳。即如前年胡景桂参劾慰帅一事，胡乃荣之私人，荣遣其劾帅，而己查办昭雪之以市恩。既而胡即放宁夏知府，旋升宁夏道。此乃荣贼心计险极、巧极之处，慰帅岂不知之。"君乃曰："荣禄固操莽之才，绝世之雄，待之恐不易易！”袁怒目视曰：“若皇上在仆营，则诛荣禄，如杀一狗耳！”因相与言救主之条理甚详。袁曰：“今营中枪弹火药，皆在荣贼之手。而营哨各官，亦多属旧人；事急矣，既定策，则仆须急归营，更选将官，而设法备贮弹药，则可也。”乃丁宁而去，时八月初三夜漏三下矣。至初五日，袁复召见。至初六日，变遂发。……（《谭嗣同传》）

这一幕精彩而悲壮的话剧，应该在中国近代史上放一异光。可是，这里袁世凯所表演的，固然是神采活现的英雄本色，但却不能不启世人疑心：荣贼的阴谋，本应该在九月里才发作；何以八月初三夜这幕史剧演完以后，初六日事变就突然提前发作？所以有甚多的人，都说这反是袁世凯卖友首告所促成的。所以光绪帝至死恨袁世凯入骨，而袁世凯自己也曾有“臣，先帝之罪人也”的良心忏悔语，是不为无因的。

当谭嗣同热烈属望袁世凯救主之时，但林旭即不谓然。据梁氏所撰的《林旭传》说：“既奉密谕，谭君等巨踊号呼。时袁世凯方在京，谋激其义愤；而君不谓然，作一小诗代简，致之谭等曰：‘伏蒲泣血知何用，慷慨何曾报主恩。愿为公歌千里草，本初健者莫轻言。’”“千里草”，是东汉末年一首童谣：“千里草，何青青。十日卜，不得生。”“千里草”合成一“董”字，“十日卜”合成一“卓”字。“本初”是袁绍字。这里借用董卓、袁绍的故事来比喻董福祥与袁世凯。意思是说：这种办法，恐怕将来董福祥、袁世凯之流，挟天子以令诸侯，那真不可收拾了。

四七　皇帝成俘虏了

初六日，光绪帝就被拘禁到颐和园中的玉澜堂。太后垂帘主政。逮捕张荫桓、徐致靖及名震一时的六君子。

自四月以来，京师谣言，皆谓帝病重；然帝仍日日召见臣工，固未尝有病。及革礼部六堂官，擢四京卿；怀塔布及御史杨崇伊等先后至津，谒荣禄，遂相与定谋：檄调聂士成军五千驻天津。又命董福祥军移长辛店。三次急电至总理衙门，言英俄在海参崴开战，英舰七艘泊于天津，请饬袁世凯回津防御。世凯至津，荣禄即乘专车抵京。与怀塔布、许应骙、杨崇伊、张仲炘，至颐和园，上封事于太后，请训政。太后立命以荣禄之卫兵守禁城。令荣禄仍回津以候召命。会议至夜半而散。翌晨，新党谋围颐和园之谣起，太后垂帘之诏下。——（自注）先是，太监于茶店中创一种风语，言帝设谋倾害太后，且引外人助己。士大夫多深信之，互相传播。（《清史纪事本末》）

至于光绪帝被擒的情形，恽毓鼎记得甚惨：

御史杨崇伊、庞鸿书，揣知太后意，潜谋之庆王奕劻，密疏告变。请太后再临朝。袖疏付奕劻转达颐和园。八月初四（六）日黎明，上诣宫门请安，太后已由间道入西直门，车驾仓皇而返。太后直抵上寝宫，尽括章疏携之法。召上怒诘曰："我抚汝二十余年，乃听小人之言谋我乎？"上战栗不发一语。良久嗫嚅曰："我无此意。"太后唾之曰："痴儿！今日无我，明日安有汝乎？"遂传懿旨，以上病不能理万机为词，临朝训政。（《崇陵传信录》）

就把光绪帝圈禁于颐和园中的玉澜堂。凡是游过颐和园的人，都可以在玉澜堂凭吊，这一宫院左右美丽的配殿，屋中打了二道乌黑而坚实的砖墙，丑怪得要死，至今尚未拆除，这便算是近代史上遗留的史迹。

四八　废立阴谋与"单片请安"

过后，西太后一定要废掉光绪帝，说帝病危，把药方开示给天下公阅。她何以要多此一举，把药方公布于天下呢？这意思并不是证明她的人格的不撒谎，乃是有实力上的顾虑，要看看天下督抚的眼色。上面已经说过：洪、杨以后，清代政权暗移，中央则分大权于地方。军权与地方财政权，则均握于各大督抚之手。俨然是方面千里的大诸侯，倒不好随便开罪的。各省官吏人民，对于废立之事，那是人人义愤填膺，可是有什么和平方法去挽救呢？最后两江总督刘坤一，到底给他想出一个绝妙的和平挽救方法来了，即所谓"单片请安折"。原来自同治元年以后，所有全国大小臣工奏疏，总要加"恭请皇太后、皇上圣安"或"伏恳皇太后、皇上圣鉴"。绝对不许单提"皇上"一人的，三十五年中绝无例外。此次刘坤一以伏读药方为借口，单片"恭请皇帝陛下圣安！"既不得罪西后，又表示两江的大吏与人民，都忠爱于光绪帝。据说这是浙江名士汤寿潜所设想的。后来颇有几件

“单片请安折”上去，李莲英和那拉后看见风色不佳，决定把这“痴儿”暂时圈禁起来再说。

至于康、梁这一般“小人”，在西后自然要把他们立斩处决，才泄“奴家”胸中一股无名之火。可是洋鬼子可恶透项，首逆康有为已经早一日受英使馆保护，并且特派兵舰由天津护送到香港去了。次逆梁启超、谭嗣同，又由日本使馆用绿呢大轿，接到他使馆中保护去了。李莲英和那拉后于是恨洋鬼子刺骨！东洋小鬼割朝鲜、台湾，她没有觉得什么可恨；只有保护“逆贼”梁、谭，这才是不共戴天之仇。二年后庚子之大杀东西洋鬼子，其导火线即伏于此。

四九　谭嗣同精忠壮烈的芳躅

其中谭嗣同精忠壮烈的行为，尤为可泣鬼神，可风百世。他本可以如梁氏一样，由日本严密保护，安逸地送往东京。可是他已经入了安全地带，又重新自动出来，愿抛头颅，以改造祖国百年的命运！这种“忠”而“侠”的行为，中国已经数百年见不到了。

> ……旋闻垂帘之谕。君（谭）从容语余（梁）曰：“昔欲救皇上，既无可救；今欲救先生，亦无可救。吾已无事可办，惟待死期耳。”……入日本使馆，劝余同游。且携所著书及诗文辞稿本数册，家书一箧托焉。曰：“不有行者，无以图将来。不有死者，无以酬圣主。今南海之生死未可卜，程婴、杵臼，吾与足下分任之。”遂相与一抱而别。初七、八、九三日，君复与侠士（相传即大刀王五，但未至）谋救皇上，事卒不成。初十日，遂被逮。被逮之前一日，日本志士数辈，苦劝君东游，君不听；再四

> 强之，君曰："各国变法，无不从流血而成！中国未闻有因变法而流血者，此国之所以不昌也。有之，请自嗣同始！"卒不去，故及于难。……于八月十三日斩于市。春秋三十有三。就义之日，观者万人，君慷慨神气不少变！……（《谭嗣同传》）

这壮烈史迹，民国十六年夏，梁先生亲和其昌再讲一篇，从黄昏直讲到天亮。已经隔着三十五年了，梁先生还是老泪纵横，其昌也不觉热泪夺眶。谭嗣同氏在百忙中间，还代他的父亲谭继洵，先上一个"黜革忤逆子嗣同"的奏片，使他的老父免于罪戾；他真是忠孝两全。他在狱中，又题一诗于狱壁，曰：

> 望门投止思张俭，忍死须臾待杜根；
> 我自横刀向天笑，去留肝胆两昆仑！

张俭是譬喻他所怀念的康南海。杜根，也许是暗指他所期待的某侠士。这首诗，立刻电传到日本，日本立即为它谱出曲调来，令学生们歌唱。因为这件事的本身太感动人了。

五〇　千秋肃敬的刘光第父子与林旭夫妇

其他同时五君子的义烈行为，也实在可泣可歌。譬如梁氏的《刘光第传》记他们父子殉国：

> 君（刘）既就义，其嗣子赴市曹伏尸痛哭一日夜以死。

三十五年后梁先生亲为其昌追述当时的情形说："裴村临刑，其嗣子不过十四岁或十六岁，仓促确知，别无法救；赶赴刑场向监斩官刚毅叩头流血，请代父死，不允。既斩，抱其父头而哭，立时呕血，半夜而死。……"闻之酸鼻。又记林旭夫妇殉国事：

君（林）妻沈静仪，沈文肃公葆桢之孙女。得报，痛哭不欲生。将亲入都收遗骸，为家人所劝禁，乃仰药以殉！……（《林旭传》）

五一　康广仁、杨深秀、杨锐三君子的忠烈

又记康广仁狱中告诫程、钱之气概：

……君（康）从容被逮。与程、钱二人同在狱中。言笑自若，高歌声出金石。……程、钱曰："吾等必死矣！"君厉声曰："死亦何伤！汝年已二十余矣，我年已三十余矣！……特恐吾等未必死耳，死则中国之强在此矣。死又何伤哉！"（《康广仁传》）

其他如记杨深秀：

忠诚之气……论者以为虽前明方正学、杨椒山之烈，不是过也！（《杨深秀传》）

而记杨锐则云：

……叔峤（锐字）……尚气节，明大义，立身不苟，见危授命！有古君子之风焉。……（《杨锐传》）

这一幕历史上不朽的名剧，在北京的，以“黄匣”、“朱谕”始，以“银刀”、“碧血”终，就此草草告一结束。至于梁任公本人呢，由日本公使林权助受日政府令，严密保护：扬言“日本钦察大臣内眷回国”，卫士呼殿，婢媪围绕，不令人窥。用专车送至塘沽，更由大岛兵舰，由塘沽直驶东京。在东京过他另一套亡命的文豪生涯去了。

第十二节　变法失败原因的解析

至于戊戌变法所以失败的原因，大概可以说是先天的、命定的、必然的、无可幸免的归宿。其原因实在最显而易见的，随便举例来说，即有下列各项。

五二　由于清德宗的无权与无能

也难怪他，他自四岁起便在这紫禁城的牢狱中受李莲英和西太后淫威的挟制，畏惧恐怖的心理已经深深打入下意识中，清朝的亲王朝贵，没有一人把这可怜的皇上放在眼里。每一个太监，都是监视他的侦探。他早已和汉献帝、魏高贵乡公处于同一的地位。以如是的地位，而想奋发图强，大有作为，根本已有缘木求鱼之感。谭嗣同辈初时还装在鼓里，梁氏说：

……初，君（谭）之始入京也，与言皇上无权，西后阻挠之事，君不之信。及七月二十七日，皇上欲开懋勤殿，设顾问官，命君拟旨。先遣内侍捧“历朝圣训”授君，传上言：谓康熙、乾隆、咸丰三朝，有开懋勤殿故事，令查出引入上谕中，盖将以二十八日亲往颐和园请命西后云。君退朝，乃告同人曰：今而知皇上之真无权矣。至二十八日，京朝人咸知懋勤殿之事，以为今日谕旨将下而卒不下，于是益知西后与帝之不相容矣！（《谭嗣同传》）

此点康广仁最有先见之明，早已洞若观火，他在戊戌春间就说：

我国改革之期，今尚未至。且千年来，行愚民之政，压抑既久，人才乏绝；今全国之人才，尚不足以任全国之事，改革甚难有效。今科举既变，学堂既开，阿兄（康有为）宜归广东，卓如（梁早年之字）宜归湖南，专心教育之事，著书，译书，撰报，激励士民爱国之心，养成多数实用之才。三年之后，然后可大行改革也。

他的卓见，未被兴高采烈的阿兄及卓如采纳。到七月他又剀切地说：

……自古无主权不一之国而能成大事者。今皇上天亶睿圣，然无赏罚之权。全国大柄，皆在西后之手，而满人之猜忌如此，守旧大臣之相嫉如此，何能有成！阿兄速当出京养晦矣。……（《康广仁传》）

这可说明戊戌新党，自己也知道必然失败，是“知其不可而为之”的。

五三　康有为本身的缺点

康有为对于当领袖的根本资格，其优点是：一、魄力伟大；二、精神勇猛；三、感情丰富；四、毅力坚忍。但他的缺点较多：一、胸襟不广；二、态度傲慢；三、个性执拗；四、理智不强；五、做事无序；六、缺乏科学训练；七、本身不求进；八、所学太乱，不适用于其时代（已详第二章），而反骄然不惭，自谓贯通天地人，不免可笑。他在百日维新期间一生最精彩得意的生活，为他的头脑冷静理智较强的阿弟，对此有生动的描写及切中的批评。说：

> ……伯兄（康有为）昼则讲学，接见人士日以数十，户外屦满。夜则代草奏稿，鼓言路，及能上折者上言。及四月，伯兄召见后，上奏及见客益忙。夜又改定《法兰西革命记》、《突厥衰亡史》、《波兰灭亡记》，因频奉上命索取，故弟须一切照料，昼夜商榷。伯兄草文，皆夜深高卧，诵之于口，而弟笔之于书。其有宜商者，即与弟辩议。即写成折，夕上而朝行！故弟亦忙极不能行。……
>
> （《戊戌六君子遗集》康幼博茂才遗文：致口易一书）

当时康有为的生活，如此地忙繁、紊乱而仓促，纵然精力过人，其成绩也自然不会佳的。他老弟对于乃兄的批评，尤为公允而有味。他说：

伯兄规模太广，志气太锐，包揽太多，同志太孤，举行太大！当此排者、忌者、谤者盈衢塞巷，而上又无权，安能有成？弟私窃深忧之。故常谓但能竭力废八股，俾民智能开，则危崖转石，不患不能至地。今已如愿，八股已废。力劝伯兄宜速拂衣，多陈无益，且恐祸变生也。伯兄非不知之，惟常熟（翁同龢）告以上眷至笃，万不可行。伯兄遂以感激知遇，不忍言去。……弟旦夕力言，新旧水火，大权在后，决无成功，何必冒祸！伯兄亦非不深知，以为生死有命，非所能避。……（同上）

以上真是语语洞中肯綮之言，他又指出乃兄性格的缺点，说：

伯兄思高而性执，拘文牵义，不能破绝藩篱，至于今实无他法，不独伯兄身任其难不能行，即弟向自谓大刀阔斧，荡夷薮泽者，今亦明知其危，不忍舍去。乃知古人所谓“鞠躬尽瘁，死而后已”，固有无可如何者。……（同上）

即梁氏本人，对于戊戌变法失败的原因，及主动领袖不可避免之缺点，亦有公正、平允、精到的自白：

戊戌维新之可贵，在精神耳。若其形式，则殊多缺点。当时举国人士，能知欧、美政治大原者，既无几人。且掣肘百端，求此失彼。而其主动者，亦未能游西域，读西书，故其措置不能尽得其当，殆势使然，不足为讳也。若其精神，则纯以国民公利公益为主；务在养一国之才，更一国之政，采一国之意，办一国之事。盖立国之大原，于是乎在，精神既立，则形式随之而进。虽有不备，不忧其后之不改良也。此戊戌维新之真相也。……（《南海康先生传》）

据梁氏的理论，则戊戌变法，本来是从失败中以求成功。即失败亦即成功，以失败促进成功。即谭氏之慷慨自愿洒热血以洗中国之腐政，亦热烈的怀望若此意耳。

五四　满洲贵族之排斥汉人而破坏

自洪、杨平后，西后即以积极制裁中兴大臣为唯一政策，故彭玉麟宁可解除兵柄，至杭州西湖三潭印月的退省庵中做一渔夫，而绝不肯至京就任兵部尚书。梁任公尝叹息着说：

中兴诸勋臣，所以不能兴维新之治者，亦畏那拉氏之猜忌悍忍，而不敢行其志也。……曾国荃初复江南，旋即罢职闲居，曾国藩之胆于是寒矣。左宗棠班师入觐，解其兵权，召入枢垣，阴掣其肘也。故甫及一月，而已不安其位矣。目余百端，无不类是，亦何怪其灰心短气，而无能为役也。……（《中国积弱溯源论》）

至于在捻、苗平定以后，戊戌变法以前，这一段期间，正是事实上汉人立军功、握政权、地方督抚分取中央大权之时，此时，一些满洲贵族愤恨之气，郁而未发，但时时流露。譬如：

昔有某西人语某亲王曰：“贵国（清）之兵太劣，不足与列强驰骋于疆场，盍整顿？”某亲王曰：“吾国之兵，用以防家贼而已！”（《中国积弱溯源论》）

有些满洲贵族表现得很不满，公然昌言以排汉：

不宁惟是。满、汉界限之见，日深一日。……逮于近年，遂有如刚毅辈造出“汉人强，满洲亡！汉人疲，满洲肥！”之十二字诀以乱天下！……（同上）

至于戊戌变法之前夕，则“防家贼”的声浪，愈唱而愈高。梁氏自述：

夫满、汉之界，至今日而极矣。……满人……无端忽焉画鸿沟以限之曰：“某事者，汉人之私利也。某事者，汉人之阴谋也。”虽有外患，置之不顾，而惟以“防家贼”为言！夫国家既以“贼”视其“民”，则“民”之以“贼”自居，固其所也。……（《论变法必自平满、汉之界始》）

满人呼汉族为“家奴”、“家贼”，当满廷之割土地于异国时，他们所承秉唯一的政策，为“宁与仇人，不与家奴！”此又清末全国人人所深知者。而其设兵的对象，乃专以虐杀汉族——“家贼”为目的！这样看来，则康、梁等谋戊戌维新，不但命定地绝对失败，反觉何必多此一举，只有以“贼”自居而以武力革其命耳。

在百日维新期间，满人闹鬼的趣事，尤为笑话百出。梁氏说：

> 满人之仇视皇上也，谓皇上有私爱于汉人，有偏憎于满人！……
>
> 今满洲某大臣之言曰：“变法者，汉人之利也，而满人之害也。”满人之阻挠变法，惑于斯言也。……（《论变法必自平满、汉之界始》）

在这样受满人排挤、压迫、攻击之下，维新救国、变法图强，真是一个荒唐的幻梦。

五五　守旧分子的死力阻挠

不惟满清朝贵视变法维新有如蛇蝎，全禄位、保妻子之大小官僚，亦视变法维新为“打破饭碗”之祸根，故亦出死力以反对。况中国自雍正、乾隆以后，压抑民气、愚蒙民智之政策，无所不用其极；百年之后，甚至整个民族的“人生观”，亦为之改变！梁氏所谓：

> ……乃今世之持论者……曰安静也，曰持重也，曰老成也，皆誉人之词也。曰喜事也，曰轻进也，曰纷更也，皆贬人之词也。举之莫敢废，废之莫敢举。一则曰依成法，再则曰查旧例，务使全国之人，如木偶，如枯骨，入于隤然不动之域，然后已！（《中国积弱溯源论》）

谭嗣同更痛切论之云：

> 处事不计是非，而首禁更张。“躁妄喜事”之名立，百端由是废弛矣。用人不问贤不肖，而多方遏抑。“少年意气”之论起，柄权则颓暮矣。陈言者，则命之曰“希望恩泽”。程功者，则命之曰“露才扬己”。……统政府六部、九卿、督抚、司道之所朝夕孜孜不已者，不过力制四万万人之动，絷其手足，涂塞其耳目，尽驱以入乎一定不移之乡愿格式！……教安得不亡，种类安得可保也！（《仁学》）

在戊戌以前，既以是为牢不可破之“国是”：及新法既见之实施，则彼辈更感觉得实际的切肤之痛了。此中症结，梁氏亦早已深知：

> ……今守旧党之阻挠变法也，非实有见于新法之害也。吾所挟以得科第者曰八股，今一变而务实学，则吾晋身之阶将绝也。吾所恃以致高位者曰资格，今一变而任才能，则吾骄人之具将穷也。吾所借以充私囊者曰舞弊，今一变而核名实，则吾子孙之谋将断也。然犹不止此，吾今日所以得内位卿贰、外拥封疆者，不知经若干年之资俸，经若干辈之奔竞而始能获也。今者循常习故，不办一事，从容富贵，穷奢极欲，已可生得大拜，死谥“文端”，家财溢百万之金，儿孙阶一品之荫。若一日变法，则凡任官者皆须办事，吾将奉命而事耶，则既无学问，又无才干，

并无精力，何以能办！将不办耶，则安肯舍吾数十年资俸奔竞，千辛万苦所得之高官，决然引退，以避贤者之路哉！故反复计较，莫如出死力以阻挠之。尽全国千万数之守旧党人，不谋而同心，异喙而同辞，他事不顾，而惟阻挠变法……未有艾也。……（《论变法后安置守旧大臣之法》）

梁氏乃欲仿日本明治维新安置封建藩侯之法，以高位贵爵不视事而坐食厚禄以处置此辈，无奈清德宗之绝无寸柄啊！

我欲望鲁兮，龟山蔽之。

手无斧柯，奈龟山何！

梁启超自传

梁启超

我之为童子时

我所爱之童子乎，汝若不知我为谁，问汝先生及汝父兄，或能告汝。汝欲听我为童子时之故事乎？我大半忘记，所记一二，请以语汝。

我为童子时，未有学校也。我初认字，则我母教我，直至十岁，皆受学于我祖父、我父。我祖父母及我父母皆钟爱我，并责骂且甚少，何论鞭挞。然我亦尝受鞭三次，至今犹历历可记，汝等愿闻此老受鞭之故乎？

我家之教，凡百罪过，皆可饶恕，惟说谎话，斯不饶恕。我六岁时，不记因何事，忽说谎一句，所说云何，亦已忘却，但记不久即为我母发觉。时我父方在省城应试也。晚饭后，我母传我至卧房，严加盘诘。我一入房，已惊骇不知所措。盖我母温良之德，全乡皆知，我有生以来，只见我母终日含笑，今忽见其盛怒之状，几不复认识为吾母矣。我母命我跪下受考问。我若矢口自承其罪，则此鞭或遂逃却，亦未可知。无奈我忽睹母威，仓皇失措，妄思欺饰以霁母怒。汝等试思母已知我犯罪，然后发怒，岂复可欺饰者？当时我以童子无识，出此下策，一何可笑！汝等勿笑，可怜我稚嫩温泽之躯，自出胎以来，未尝经一次苦楚，当时被我母翻伏在膝前，力鞭十数。我母当时教我之言甚多，我亦不必一一为汝等告，但记有数语云：“汝若再说谎，汝将来便成窃盗，便成乞丐！”汝等试思，我母之言，得毋太过否？偶然说句谎话，何至便成窃盗，便成乞丐？我母旋又教我曰：“凡人何故说谎？或者有不应为之事，而我为之，畏人之责其不应为而为也，则谎言吾未尝为；或者有必应为之事，而我不为，畏人之责其应为而不为也，则谎言吾已为之。夫不应为而为，应为而不为，已成罪过矣。若己不知其为罪过，犹可言也，他日或自能知之，或他人告之，则改焉而不复如此矣。今说谎者，则明知其为罪过而故犯之也。不惟故犯，且自欺欺人，而自以为得计也。人若明知罪过而故犯，且欺人而以为得计，则与窃盗之性质何异？天下万恶，皆起于是矣！然欺人终必为人所知，将来人人皆指而目之曰，此好说谎话之人也，则无人信之。既无人信，则不至成为乞丐焉而不止也！”我母此段教训，我至今常记在心，谓为千古名言。汝等试思此为名言否耶？最可怜者，我伯姊陪我长跪半宵，犹复独哭一夜。伯姊何为哭？惧我父知之，我所受鞭扑更甚于今夕也。虽然，我伯姊之惧徒惧矣。我母爱我甚，且察我已能受教，遂未尝为我父言也。呜呼！吾母弃养将三十年矣，吾姊即世亦且十年。吾述此事，吾涕沾纸矣。汝等有母之人，须知天下爱我者，无过于母。而母之教训，实不易多得，长大而思母训，恐母不我待矣。

（《饮冰室合集·文集之十一》，第二册）

公车上书之经过及相关情形

唤起吾国四千年大梦，实自甲午一役始也。……乙未二三月间，和议将定。时适会试之年，各省举人集于北京者以万数千计。康有为创议上书拒之，梁启超乃日夜奔走号召连署上书论国事。广东、湖南同日先上，各省从之，各自连署麇集于都察院者，无日不有。虽其言或通或塞，或新或旧，驳杂不一，而士气之稍申，实自此始。既而合十八省之举人，聚议于北京之松筠庵，为大连署以上书，与斯会者凡千三百余人，时康有为尚未通籍，实领袖之。其书之大意凡三事：一曰拒和，二曰迁都，三曰变法，而其宗旨则以变法为归。盖谓使前此而能变法，则可以无今日之祸：使今日而能变法，犹可以免将来之祸；若今犹不变，则他日之患，更有甚于今者。言甚激切，大臣恶之，不为代奏。然自是执政者渐渐引病去，公车之人散而归乡里者，亦渐知天下大局之事，各省蒙昧启辟，实起点于斯举。此事始末，上海刻有《公车上书记》以纪之。实为清朝二百余年未有之大举也。

（《饮冰室合集·专集之一》，第六册）

变法通议自序

法何以必变？凡在天地之间者，莫不变。昼夜变而成日，寒暑变而成岁；大地肇起，流质炎炎，热熔冰迁，累变而成地球；海草螺蛤，大木大鸟，飞鱼飞鼍，袋兽脊兽，彼生此灭，更代迭变，而成世界；紫血红血，流注体内，呼炭吸养，刻刻相续，一日千变，而成生人。藉曰不变，则天地人类，并时而息矣。故夫变者，古今之公理也。贡助之法，变为租庸调，租庸调变为两税，两税变为一条鞭。井乘之法，变为府兵，府兵变为彍骑，彍骑变为禁军。学校升造之法，变为荐辟，荐辟变为九品中正，九品变为科目。上下千岁，无时不变，无事不变，公理有固然，非夫人之为也。为不变之说者，动曰守古守古，庸讵知自太古、上古、中古、近古以至今日，固已不知万百千变。今日所目为古法而守之者，其于古人之意，相去岂可以道理计哉！今夫自然之变，天之道也，或变则善，或变则敝，有人道焉，则智者之所审也。《语》曰："学者上达，不学下达。"惟治亦然，委心任运，听其流变，则日趋于敝；振刷整顿，斟酌通变，则日趋于善。吾揆之于古，一姓受命，创法立制，数世以后，其子孙之所奉行必有以异于其祖父矣。而彼君民上下，犹偶焉以为吾今日之法，吾祖前者以之治天下而治，肃然守之，因循不察，渐移渐变，百事废弛，卒至疲敝，不可收拾。代兴者审其敝而变之，斯为新王矣。苟其子孙达于此义，自审其敝而自变之，斯号中兴矣。汉唐中兴，斯固然矣。《诗》曰："周虽旧邦，其命维新。"言治旧国必用新法也。其事甚顺，其义至明，有可为之机，有可取之法，有不得不行之势，有不容少缓之故。为不变之说者，犹曰守古守古，坐视其因循废弛，而漠然无所动于中。呜呼，可不谓大惑不解者乎？《易》曰："穷则变，变则通，通则久。"伊尹曰："用其新，去其陈，病乃不存。夜不秉烛则昧，冬不御裘则寒，渡河而乘陆车者危，易证而尝旧方者死。"今专标斯义，大声疾呼，上循土训诵训之遗，下依矇讽鼓谏之义，言之无罪，闻者足兴，为六十篇，分类十二。知我罪我，其无辞焉。

（《饮冰室合集·文集之一》，第一册）

论不变法之害

今有巨厦，更历千岁，瓦墁毁坏，榱栋崩折，非不枵然大也，风雨猝集，则倾圮必矣。而室中之人，犹然酣嬉鼾卧，漠然无所闻见；或则睹其危险，惟知痛哭，束手待毙，不思拯救；又其上者，补苴罅漏，弥缝蚁穴，苟安时日，以觊有功。此三人者，用心不同，漂摇一至，同归死亡。善居室者，去其废坏，廓清而更张之，鸠工庀材，以新厥构，图始虽艰，及其成也，轮焉奂焉，高枕无忧也。惟国亦然，由前之说罔不亡，由后之说罔不强。

印度，大地最古之国也，守旧不变，夷为英藩矣；突厥地跨三洲，立国历千年，而守旧不变，为六大国执其权，分其地矣；非洲广袤，三倍欧土，内地除沙漠一带外，皆植物饶衍，畜牧繁盛，土人不能开化，拱手以让强敌矣；波兰为欧西名国，政事不修，内讧日起，俄普奥相约，择其肉而食矣；中亚洲回部，素号骁悍善战斗，而守旧不变，俄人鲸吞蚕食，殆将尽之矣；越南、缅甸、高丽，服属中土，渐染习气，因仍弊政，萎靡不变，汉宫威仪，今无存矣。今夫俄，宅苦寒之地，受蒙古钤辖，前皇残暴，民气凋丧，岌岌不可终日，自大彼得游历诸国，学习工艺，归而变政，后王受其方略，国势日盛，辟地数万里也；今夫德，列国分治，无所统纪，为法所役，有若奴隶，普人发愤兴学练兵，遂蹶强法，霸中原也；今夫日本，幕府专政；诸藩力征，受俄、德、美大创，国几不国，自明治维新，改弦更张，不三十年，而夺我琉球，割我台湾也。又如西班牙、荷兰，三百年前，属地遍天下，而内治稍弛，遂即凌弱，国度夷为四等；暹罗处缅越之间，同一绵薄，而稍自振厉，则岿然尚存。记曰：“不知来，视诸往。”又曰：“前车覆，后车戒。”大地万国，上下百年间，强盛弱亡之故，不爽累黍，盖其几之可畏如此也。

中国立国之古等印度，土地之沃迈突厥，而因沿积敝，不能振变，亦伯仲于二国之间，以故地利不辟，人满为患。河北诸省，岁虽中收，犹道殣相望。京师一冬，死者千计。一有水旱，道路不通，运赈无术，任其填委，十室九空。滨海小民，无所得食，逃至南洋美洲诸地，鬻身为奴，犹被驱迫，丧斧以归。驯者转于沟壑，黠者流为盗贼。教匪会匪，蔓延九州，伺隙而动。工艺不兴，商务不讲，土货日见减色，而他人投我所好，制造百物，畅销内地。漏卮日甚，脂膏将枯。学校不立，学子于帖括外，一物不知。其上者考据词章，破碎相尚，语以瀛海，瞠目不信！又得官甚难，治生无术，习于无耻，懵不知怪。兵学不讲，绿营防勇，老弱癖烟，凶悍骚扰，无所可用。一旦军兴，临时募集，半属流丐，器械窳苦，饷糈微薄。偏裨以上，流品猥杂，一字不识，无论读书。营例不谙，无论兵法。以此与他人学问之将、纪律之师相遇，百战百败，无待交绥。官制不善，习非所用，用非所习。委权胥吏，百弊猬起。一官数人！一人数官！牵制推诿，一事不举。保奖矇混，鬻爵充塞；朝为市侩，夕登显秩。宦途壅滞，候补窘悴；非钻营奔竞，不能疗饥。俸廉微薄，供亿繁浩，非贪污恶鄙，无以自给！限年绳格，虽有奇才，不能特达，必俟其筋力既衰，暮气已深，始任以事，故肉食盈廷，而乏才为患。法弊如此，虽敌国外患晏然无闻，君子犹或忧之，况于以一羊处群虎之间，抱火厝之积薪之下而寝其上者乎。

孟子曰："国必自伐，然后人伐之。"又曰："未闻以千里畏人者也。"又曰："能治其国家，谁敢侮之。"中国户口之众，冠于大地；幅员式廓，亦俄、英之亚也；矿产充溢，积数千年未经开采；土地沃衍，百植并宜，国处温带，其民材智：君权统一，欲有兴作，不患阻挠；此皆欧洲各国之所无也。夫以旧法之不可恃也如彼，新政之易为功也又如此，何舍何从，不待智者可以决矣。

难者曰："今日之法匪今伊昔，五帝三王之所递嬗，三祖八宗之所诒谋，累代率由，历有年所，必谓易道乃可为治，非所敢闻。"释之曰：不能创法，非圣人也；不能随时，非圣人也。上观百世，下观百世，经世大法，惟本朝为善变。入关之初，即下剃发之令，顶戴翎枝，端罩马褂，古无有也，则变服色矣；用达海创国书，借蒙古字以附满洲音，则变文字矣；用汤若望、罗雅谷作宪书，参用欧罗巴法，以改大统历，则变历法矣；圣祖皇帝永免滋生人口之赋，并入地赋，自商鞅以来计人之法，汉武以来课丁之法，无有也，则变赋法矣；举一切城工河防，以及内廷营造，行在治跸，皆雇民给直，三王于农隙使民，用民三日，且无有也，则变役法矣；平民死刑，别为二等，曰情实，曰缓决，犹有情实而不予句者，仕者罪虽至死，而子孙考试入仕如故，如前代所沿，夷三族之刑，发乐籍之刑，言官受廷杖，下镇扶司狱之刑，更无有也，则变刑法矣。至于国本之说，历代所重，自理密亲王之废，世宗创为密缄之法，高宗至于九降纶音，编为《储贰金鉴》，为世法戒，而懵儒始知大计矣；巡幸之典，谏臣所争，而圣相、高宗，皆数幸江南，木兰秋狝，岁岁举行，昧者或疑之，至仁宗贬谪松筠，宣示讲武习劳之意，而庸臣始识苦心矣；汉、魏、宋、明，由旁支人继大统者，辄议大礼，龂龂争讼，高宗援据礼经，定本生父母之称，取葬以士、祭以大夫之义，圣人制礼，万世不易，观于醇贤亲王之礼，而天下翕然称颂矣；凡此皆本朝变前代之法，善之又善者也。至于二百余年，重熙累洽，因时变制，未易缕数，数其荦荦大者：崇德以前，以八贝勒分治所部，太宗与诸兄弟，朝会则共坐，饷用则均出，俘虏则均分，世祖入关，始严天泽之分，裁抑诸王骄蹇之习，遂壹寰宇，诒谋至今矣；累朝用兵，拓地数万里，膺阃外之寄，多用满、蒙，逮文宗而兼用汉人，辅臣文庆力赞成之，而曾、左诸公遂称名将矣；八旗劲旅，天下无敌，既削平前三藩、后三藩，乾隆中屡次西征，犹复简调前往，朝驰羽檄，夕报捷书，逮宣宗时，而知索伦兵不可用，三十年来，歼荡流寇，半赖召募之勇以成功，而同治遂号中兴矣；内而治寇，始用坚壁清野之法，一变而为长江水师，再变而为防河圈禁矣；外而交邻，始用闭关绝市之法，一变而通商者十数国，再变而命使者十数国矣：此又以本朝变本朝之法者也。吾闻圣者虑时而动，使圣祖、世宗生于今日，吾知其变法之锐，必不在大彼得（俄皇名）、威廉第一（德皇名）、睦仁（日皇名）之下也。记曰："法先王者法其意。"今泥祖宗之法而戾祖宗之意，是乌得为善法祖矣乎？

中国自古一统，环列皆小蛮夷，但虞内忧，不患外侮，故防弊之意多，而兴利之意少，怀安之念重，而虑危之念轻。秦后至今，垂二千年，时局匪有大殊，故治法亦可不改。国初因沿明制，稍加损益，税敛极薄，征役几绝；取士以科举，虽不讲经世，而足以飏太平；选将由行伍，虽未尝学问，然足以威萑苻；任官论资格，虽不得异材，而足以止奔竞；天潢外戚，不与政事，故无权奸僭恣之虞；督抚监司，互相牵制，故无藩镇跋扈之患。使能闭关画界，永绝外敌，终古为独立之国，则墨守斯法，世世仍之，稍加整顿，未尝不足以治天下，而无如其忽与泰西诸国相遇也。泰西诸国并立，大小以数十计，狡焉思启，互相猜忌，稍不自振，则灭亡随之矣。故广设学校，奖励学会，惧人才不足，而国无与立也；振兴工艺，保护商业，惧利源为人所夺，而国以穷蹙也；将必知学，兵必识字，日夜训练，如临大敌，船械新制，争相驾尚，惧兵力稍弱，一败而不可振也；自余庶政，罔不如是，日相比较，日相磨砺，故其人之才智，常乐于相师，而其国之盛强，常足以相敌，盖舍是不能图存也。而所谓独立之国者，目未见大敌，侈然自尊，谓莫已若，又欺其民之驯弱而凌牿之，虑其民之才智而束缚之，积弱凌夷，日甚一日，以此遇彼，犹以敝痈当千钧之弩，故印度、突厥（突厥居欧东五十年，前未有与英、法诸国交涉，故亦为独立之国）之覆辙，不绝于天壤也。

难者曰："法固因时而易，亦因地而行。今子所谓新法者，西人习而安之，故能有功，苟迁其地则弗良矣。"释之曰：泰西治国之道，富强之原，非振古如兹也，盖自百年以来焉耳。举官新制，起于嘉庆十七年（先是欧洲举议院及地方官，惟拥厚资者能有此权，是年，拿破仑变西班牙之政，始令人人可以举官）；民兵之制，起于嘉庆十七年；工艺会所，起于道光四年；农学会，起于道光二十八年；国家拨款以兴学校，起于道光十三年；报纸免税之议，起于道光十六年；邮政售票，起于道光十七年；轻减刑律，起于嘉庆二十五年；汽机之制，起于乾隆三十四年；行海轮船，起于嘉庆十二年；铁路起于道光十年；电线起于道光十七年：自余一切保国之经，利民之策，相因而至，大率皆在中朝嘉、道之间。盖自法皇拿破仑倡祸以后，欧洲忽生动力，因以更新。至其前此之旧俗，则视今日之中国无以远过（英人李提摩太近译《泰西新史揽要》，言之最详），惟其幡然而变，不百年间，乃浡然而兴矣。然则吾所谓新法者，皆非西人所故有，而实为西人所改造，改而施之西方，与改而施之东方，其情形不殊，盖无疑矣。况蒸蒸然起于东土者，尚明有因变致强之日本乎。

难者曰："子言辩矣！然伊川被发，君子所叹。用夷变夏，究何取焉？"释之曰：孔子曰，天子失官，学在四夷。《春秋》之例，夷狄进至中国，则中国之。古之圣人未尝以学于人为惭德也。然此不足以服吾子，请言中国：有土地焉，测之、绘之、化之、分之，审其土宜，教民树艺，神农后稷，非西人也；度地居民，岁杪制用，夫家众寡，六畜牛羊，纤悉书之，《周礼》《王制》，非西书也；八岁入小学，十五就大学，升造爵官，皆俟学成，庠序学校，非西名也；谋及卿士，谋及庶人，国疑则询，国迁则询，议郎博士，非西官也（汉制，博士与议郎议大夫同主诠议，国有大事，则承问，即今西人议院之意）；流宥五刑，疑狱众共，轻刑之法，陪审之员，非西律也；三老啬夫，由民自推，辟署功曹，不用他郡，乡亭之官，非西秩也；尔无我叛，我无强贾，商约之文，非西史也；交邻有道，不辱君命，绝域之使，非西政也；邦有六职，工与居一，国有九经，工在所劝，保护工艺，非西例也；当宁而立，当扆而立，礼无不答，旅揖士人，礼经所陈，非西制也；天子巡守，以观民风。皇王大典，非西仪也；地有四游，地动不止，日之所生为星，毖纬雅言，非西文也；腐水寓木，均发均县，临鉴立景，蜕水谓气，电缘气生，墨翟、亢仓、关尹之徒，非西儒也。故夫法者天下之公器也，征之域外则如彼，考之前古则如此，而议者犹曰"夷也，夷也"而弃之，必举吾所固有之物不自有之，而甘心以让诸人，又何取耶？

难者曰："子论诚当，然中国当败衄之后，穷蹙之日，虑无余力克任此举，强敌交逼，眈眈思启，亦未必能吾待也。"释之曰：日本败于三国，受迫通商，反以成维新之功：法败于普，为城下之盟，偿五千兆福兰格，割奥斯、鹿林两省，此其痛创，过于中国今日也。然不及十年，法之盛强，转逾畴昔。然则败切非国之大患，患不能自强耳。孟子曰："国家闲暇，及是时明其政刑，虽大国必畏之矣。"又曰："国家闲暇，及是时，般乐怠敖，是自求祸也。"泰西各国，磨牙吮血，伺于吾旁者固属有人；其顾惜商务，不欲发难者，亦未始无之。徒以我晦盲太甚，厉阶孔繁，用启戎心，亟思染指。及今早图，示万国以更新之端，作十年保太平之约，亡羊补牢，未为迟也。

天下之为说者，动曰一劳永逸。此误人家国之言也。今夫人一日三食，苟有持说者曰：一食永饱，虽愚者犹知其不能也，以饱之后历数时而必饥，饥而必更求食也。今夫立法以治天下，则亦若是矣。法行十年，或数十年，或百年而必敝，敝而必更求变，天之道也。故一食而求永饱者必死，一劳而求永逸者必亡。今之为不变之说者，实则非真有见于新法之为民害也，夸毗成风，惮于兴作，但求免过，不求有功。

又经世之学，素所未讲，内无宗主，相从吠声。听其言论，则日日痛哭，读其词章，则字字孤愤。叩其所以图存之道，则眙然无所为，对曰：天心而已，国运而已，无可为而已，委心袖手，以待覆亡。噫，吾不解其用心何在也。

要而论之，法者天下之公器也，变者天下之公理也。大地既通，万国蒸蒸，日趋于上，大势相迫，非可阏制，变亦变，不变亦变。变而变者，变之权操诸己，可以保国，可以保种，可以保教；不变而变者，变之权让诸人，束缚之，驰骤之。呜呼！则非吾之所敢言矣。是故变之途有四：其一，如日本，自变者也；其二，如突厥，他人执其权而代变者也：其三，如印度，见并于一国而代变者也（越南、缅甸等国皆是）；其四，如波兰，见分于诸国而代变者也。吉凶之故，去就之间，其何择焉？（诗）曰：“嗟我兄弟，邦人诸友，莫肯念乱，谁无父母？”（传）曰：“嫠妇不恤其纬，而忧宗周之陨，为将及焉。”此固四万万人之所同也。彼犹太之种，迫逐于欧东；非洲之奴，充斥于大地，呜呼！夫非犹是人类也欤。

（《饮冰室合集·文集之一》，第一册）

论变法不知本原之害

难者曰：“中国之法，非不变也，中兴以后，讲求洋务，三十余年，创行新政，不一而足，然屡见败衄，莫克振救，若是乎新法之果无益于人国也。”释之曰：前此之言变者，非真能变也，即吾向者所谓补苴罅漏，弥缝蚁穴，漂摇一至，同归死亡，而于去陈用新，改弦更张之道，未始有合也。昔同治初年，德相毕士麻克语人曰：“三十年后，日本其兴，中国其弱乎？日人之游欧洲者，讨论学业，讲求官制，归而行之；中人之游欧洲者，询某厂船炮之利，某厂价值之廉，购而用之，强弱之原，其在此乎？”呜呼，今虽不幸而言中矣，惩前毖后，亡羊补牢，有天下之责者，尚可以知所从也。今之言变法者，其荦荦大端，必曰练兵也，开矿也，通商也，斯固然矣。然将率不由学校，能知兵乎？选兵不用医生，任意招募，半属流丐，体之羸壮所不知，识字与否所不计，能用命乎？将俸极薄，兵饷极微，伤废无养其终身之文，死亡无恤其家之典，能洁己效死乎？图学不兴，阨塞不知，能制胜乎？船械不能自造，仰息他人，能如志乎？海军不游弋他国，将卒不习风波，一旦临敌，能有功乎？如是则练兵如不练。矿务学堂不兴，矿师乏绝，重金延聘西人，尚不可信，能尽利乎？械器不备，化分不精，能无弃材乎？道路不通，从矿地运至海口，其运费视原价或至数倍，能有利乎？如是则开矿如不开。商务学堂不立，罕明贸易之理，能保富乎？工艺不兴，制造不讲，土货销场，寥寥无几，能争利乎？道路梗塞，运费笨重，能广销乎？厘卡满地，抑勒逗留，朘膏削脂，有如虎狼，能劝商乎？领事不报外国商务，国家不护侨寓商民，能自立乎？如是则通商如不通。其稍进者曰：“欲求新政，必兴学校。”可谓知本矣，然师学不讲，教习乏人，能育才乎？科举不改，聪明之士，皆务习帖括，以取富贵，趋舍异路，能俯就乎？官制不改，学成而无所用，投闲置散，如前者出洋学生故事，奇才异能，能自安乎？既欲省府州县皆设学校，然立学诸务，责在有司，今之守令，能奉行尽善乎？如是则兴学如不兴。自余庶政，若铁路，若轮船，若银行，若邮政，若农务，若制造，莫不类是。盖事事皆有相因而至之端，而万事皆同出于一本原之地，不挈其领而握其枢，犹治丝而棼之，故百举而无一效也。今之言变法者，其蔽有二：其一欲以震古铄今之事，责成于肉食官吏之手；其二则以为黄种之人，无一可语，委心异族，有终焉之志。夫当急则治标之时，吾固非谓西人之必不当用，虽然，则乌可以久也。中国之行新政也，用西人者，其事多成，不用西人者，其事多败，询其故？则曰："西人明达，华人固陋；西人奉法，华人营私也。"吾闻之日本变法之始，客卿之多，过于中国也。十年以后，按年裁减，至今一切省署，皆日人自任其事，欧洲之人百不一存矣。今中国之言变法，亦既数十年，而犹然借材异地，乃能图成，其可耻孰甚也？夫以西人而任中国之事，其爱中国与爱其国也孰愈？夫人而知之矣，况吾所用之西人，又未必为彼中之贤者乎。

若夫肉食官吏之不足任事，斯固然矣。虽然，吾固不尽为斯人咎也，帖括陋劣，国家本以此取之，一旦而责以经国之远猷，乌可得也。捐例猥杂，国家本以此市之，一旦而责以奉公之廉耻，乌可得也。一人之身，忽焉而责以治民，忽焉而责以理财，又忽焉而责以治兵，欲其条理明澈，措置悉宜，乌可得也。在在防弊，责任不专，一事必经数人，互相牵制，互相推诿，欲其有成，乌可得也。学校不以此教，察计不以此取，任此者弗赏，弗任者弗罚，欲其振厉，黾勉图功，乌可得也。途壅俸薄，长官层累，非奔竞未由得官，非贪污无以谋食，欲其忍饥寒，蠲身家，以从事于公义，自非圣者，乌可得也。今夫人之智愚贤不肖，不甚相远也。必谓西人皆智，而华人皆愚；西人皆贤，而华人皆不肖，虽五尺之童，犹知其非。然而西官之能任事也如彼，华官之不能任事也如此，故吾曰：不能尽为斯人咎也，法使然也。立法善者，中人之性可以贤，中人之才可以智，不善者反是。塞其耳目而使之愚，缚其手足而驱之为不肖，故一旦有事，而无一人可为用也。不此之变，而鳃鳃然效西人之一二事，以云自强，无惑乎言变法数十年，而利未一见，弊已百出，反为守旧之徒，抵其隙而肆其口也。

吾今为一言以蔽之曰：变法之本，在育人才；人才之兴，在开学校；学校之立，在变科举，而一切要其大成，在变官制。难者曰："子之论探本穷原，靡有遗矣，然兹事体大，非天下才，惧弗克任，恐闻者惊怖其言以为河汉，遂并向者一二西法而亦弃之而不敢道，奈何？子毋宁卑之无甚高论，令今可行矣。"释之曰：不然，夫渡江者泛乎中流，暴风忽至，握舵击楫，虽极疲顿，无敢去者，以偷安一息，而死亡在其后也。庸医疑证，用药游移。精于审证者，得病源之所在，知非此方不愈此疾，三年畜艾，所弗辞已，虽曰难也，将焉避之？抑岂不闻东海之滨，区区三岛，外受劫盟，内逼藩镇，崎岖多难，濒于灭亡，而转圜之间，化弱为强，岂不由斯道矣乎？则又乌知乎今之必不可行也？有非常之才，则足以济非常之变。呜呼！是所望于大人君子者矣。

去岁李相国使欧洲，问治国之道于德故相俾斯麦，俾斯麦曰："我德所以强，练兵而已。今中国之大患，在兵少而不练，船械窳而乏也，若留意于此二者，中国不足强也。"（见前上海、香港各报所译西方报中）今岁张侍郎使欧，与德国某爵员语，其言犹俾相言（见前上海某时报）。中国自数十年以来，士夫已寡论变法，即有一二，则亦惟兵之为务，以谓外人之长技，吾国之急图，只此而已。众口一词，不可胜辨，既闻此言也，则益自张大，谓西方之通人，其所论固亦如是。梁启超曰："嗟乎，亡天下者，必此言也。"吾今持春秋无义战。墨翟非攻，宋钘寝兵之义，以告中国，闻者必曰：以此孱国而陈高义以治之，是速其亡也。不知使有国于此，内治修，工商盛，学校昌，才智繁，虽无兵焉，犹之强也，彼美国是也。美国兵不过二万，其兵力于欧洲，不能比最小之国，而强邻眈眈，谁敢侮之？使有国于此，内治隳，工商窳，学校塞，才智希，虽举其国而兵焉，犹之亡也，彼土耳其是也。土耳其以陆军甲天下，俄土之役，五战而土三胜焉，而卒不免于今日，若是乎国之强弱在兵，而所以强弱者不在兵，昭昭然矣。今有病者，其治之也，则必涤其滞积，养其荣卫，培其元气，使之与无病人等，然后可以及他事，此不易之理也。今授之以甲青，予之以戈戟，而日尔盍从事焉，吾见其舞蹈不终日，而死期已至也。彼西人之练兵也，其犹壮士之披甲胄而执戈铤也，若今日之中国，则病夫也，不务治病，而务壮士之所行，故吾曰亡天下者，必此言也。然则西人曷为为此言？曰：嗟乎，狡焉思启封疆以灭社稷者，何国蔑有？吾深惑乎吾国之所谓开新党者，何以于西人之言，辄深信谨奉，而不敢一致疑也。西人之政事，可以行于中国者，若练兵也，置械也，铁路也，轮船也，开矿也；西官之在中国者，内焉聒之于吾政府，外焉聒之于吾有司，非一日也。若变科举也，兴学校也，改官制也，兴工艺开机器厂也，奖农事也，拓商务也，吾未见西人之为我一言也。是何也？练兵，而将帅之才必取于彼焉：置械，而船舰枪炮之值必归于彼焉；通轮船铁路，而内地之商务，彼得流通焉；开矿，而地中之蓄藏，彼得染指焉。且有一兴作，而一切工料，一切匠作，无不仰给之于彼，彼之士民，得以养焉。以故铁路开矿诸事，其在中国，不得谓非急务也。然自西人言之，则其为中国谋者十之一，自为谋者十之九。若乃科举、学校、官制、工艺、农事、商务等，斯乃立国之元气，而致强之本原也。使西人而利吾之智且强也，宜其披肝沥胆，日日言之。今夫彼之所以得操大权沾大利于中国者，以吾之弱也，愚也，而乌肯举彼之所以智所以强之道，而一以畀我也？恫乎英士李提摩太之言也，曰："西官之为中国谋者，实以保护本国之权利耳，余于光绪十年回英，默念华人博习西学之期，必已不远，因拟谒见英、法、德等国学部大臣，请示振兴新学之道，以储异日传播中华之用。迨至某国，投刺晋谒其学部某大臣，叩问学校新规，并请给一文凭，俾得偏游全国大书院。大臣因问余考察本国新学之意，余实对曰：‘欲以传诸中华也。’语未竟，大臣艴然变色曰：‘汝教华人尽明西学，其如我国何？其如我各与国何？’文凭遂不可得。”又曰：“西人之见华官，每以谀词献媚，曰：‘贵国学问，实为各国之首。’以骄其自以为是之心，而坚其藐视新学之志，必使无以自强而后已。今夫李君，亦西人也，其必非为谰言以污蔑西人，无可疑也，而其言若此。吾欲我政府有司之与西人酬酢者，一审此言也。李相国之过德也，德之官吏及各厂主人，盛设供帐，致敬尽礼，以相款宴，非有爱于相国也，以谓吾所欲购之船舰枪炮，利将不赀，而欲胁肩捷足以夺之也。及哭龙姆席间一语，咸始废然，英法诸国，大哗笑之。然则德人之津津然以练兵置械相劝勉者，由他国视之，若见肺肝矣。且其心犹有叵测者，彼德人固欧洲新造之雄国也，又以为苟不得志于东方，则不能与俄、英、法诸国竞强弱也。中国之为俎上肉久矣，商务之权利握于英，铁路之权利握于俄，边防之权利握于法、日及诸国，德以后起，越国鄙远，择肥而噬，其道颇难，因思握吾邦之兵权，制全国之歹巴命。故中国之练洋操聘教习也，德廷必选知兵而有才者以相畀，令其以教习而兼统领之任。今岁鄂省武备学堂之聘某德弁也，改令只任教习，不充统领，而德廷乃至移书总署，反覆力争，此其意欲何为也？使吾十八行省，各练一洋操，各统以德弁，教之诲之，日与相习，月渐岁摩，一旦瓜分事起，吾国绿营防勇，一无所恃，而其一二可用者，惟德人号令之是闻，如是则德之所获利益，乃不在俄、英、法、日诸国下，此又德人隐忍之阴谋，而莫之或觉者也。当中日订通商条约之际，德国某日报云：“我国恒以制造机器等，售诸中国、日本，日本仿行西法，已得制造之要领，今若任其再流之中国，恐德国之商务，扫地尽矣。”去岁《字林西报》载某白人来书云：“昔上海西商，争请中国务须准将机器进口，欧格讷公使回国时，则谓此事非西国之福，今按英国所养水陆各军，专为扩充商务，保护工业起见，所费不赀，今若以我英向来制造之物，而令人皆能制造，以夺我利，是自作孽也。”呜呼，西人之言学校商务也，则妒我如此，其言兵事也，则爱我如彼，虽负床之孙亦可以察其故矣。一铁甲之费，可以支学堂十余年，一快船之费，可以译西书数百卷，克虏伯一尊之费，可以设小博物院三数所，洋操一营之费，可以遣出洋学生数十人，不此之务，而惟彼之图，吾甚惜乎以司农仰屋艰难罗掘所得之金币，而晏然馈于敌国，以易其用无可用之物。数年之后，又成盗粮。往车已折，来轸方遒，独至语以开民智植人才之道，则咸以款项无出，玩日愒时，而曾不肯舍此一二以就此千万也。吾又惑乎变通科举工艺专利等事，不劳国家铢金寸币之费者，而亦相率依违，坐视吾民失此生死肉骨之机会而不肯一导之也。吾它无敢怼焉，吾不得不归罪于彼族设计之巧，而其言惑人之深也。诗曰：“无信人之言，人实诳汝。”

（《饮冰室合集·文集之一》，第一册）

论君政民政相嬗之理

博矣哉，《春秋》张三世之义也。治天下者有三世：一曰多君为政之世，二曰一君为政之世，三曰民为政之世。多君世之别又有二：一曰酋长之世，二曰封建及世卿之世。一君世之别又有二：一曰君主之世，二曰君民共主之世。民政世之别亦有二：一曰有总统之世，二曰无总统之世。多君者，据乱世之政也；一君者，升平世之政也；民者，太平世之政也。此三世六别者，与地球始有人类以来之年限有相关之理，未及其世，不能躐之；既及其世，不能阏之。

酋长之世，起于何也？人类初战物而胜之，然而未有舆骑舟楫之利，一山一川一林一泽之隔，则不能相通也。于是乎划然命为一国，其黠者或强有力者即从而君之。故老子曰："古者邻国相望，鸡犬之声相闻，其民老死不相往来。"禹会诸侯于涂山，执玉帛者万国。彼禹域之大，未及今日之半也，而为国者万，斯盖酋长之世也。今之蒙古也，回疆也，苗也，黎也，生番也，土司也，非洲也，南洋也，美洲、澳洲之土人也，皆吾夏后氏以前之世界也。凡酋长之世，战斗最多，何也？其地隔，故其民不相习，而其情不相，加以凡有血气，皆有争心，故相戕无已时也。封建世既有一天子以统众诸侯矣，而犹命为多君，何也？封建者，天子与诸侯俱据土而治，有不纯臣之义（见《公羊》何注），观于《周礼》只治畿内，春秋战国诸侯各自为政，可以见封建世之俗矣。其时诸侯与天子同有无限之权，故谓之多君。封建亦一大酋长耳，其相戕亦惨，其战斗亦多。

世卿亦谓之多君，何也？《礼·丧服》传："公士大夫之众臣为其君。"《传》曰："君谓有地者也。"盖古者凡有采地皆称君，而仕于其邑、居隶其地者，皆为之民。其待之也，亦得有无限之权，故亦谓之多君。世卿之国，亦多战斗，如鲁之季孙氏、郈氏，晋之韩、魏、范、中行氏，皆是也。故世卿亦可谓之小封建。

凡多君之世，其民皆极苦，争城争地，糜烂以战，无论矣。彼其为君者，又必穷奢极暴，赋敛之苛，徭役之苦，刑罚之刻，皆不可思议。观于汉之诸侯王，及今之土司，犹可得其概矣。孔子作《春秋》，将以救民也，故立为大一统、讥世卿二义，此二者，所以变多君而为一君也。变多君而为一君，谓之小康。昔者秦、楚、吴、越，相仇相杀，流血者，不知几千万人也，问今有陕人与湘人争强，苏人与浙人构怨者乎？无有也。昔之相仇相杀者，皆两君为之也，无有君，无有国，复归于一，则与民休息，此大一统之效也。世卿之世，苟非贵胄不得位卿孤，既讥世卿，乃立选举，但使经明行修，虽蓬荜之士，可以与闻天下事，如是则贤才众多，而天下事有所赖，此讥世卿之效也。

虽然，当其变也，盖亦难矣。秦汉以后，奉《春秋》为经世之学，亦既大一统矣。然汉初之吴楚七国乱之，汉末以州牧乱之，晋之八王乱之，唐之藩镇乱之，乃至明之燕王宸濠，此害犹未获息。越二千年，直至我朝，定宗室自亲王以下至奉恩将军凡九等，功臣自一等公以下至恩骑尉凡二十六等，悉用汉关内侯之制，无分土，无分民，而封建之多君始废。汉氏虽定选举之制，而魏晋九品中正，寒门贵族，界限画然，此犹微有世卿之意焉。虽然，吾中国二千年免于多君之害者，抑已多矣，皆食素王之赐也。凡变多君而为一君者，其国必骤强。昔美之三十七邦也，德之二十五邦也，意之二十四邦也，日本之九十二诸侯也，当其未合也，彼数国者，曾不克自列于地球也；其既合也，乃各雄长于三洲。何也？彼昔者方罢敝其民，以相争之不暇，自斫其元气，耗其财力，以各供其君之私欲；合而一之，乃免此难，此一君世之所以为小康也。而惜乎诸国用《春秋》之义太晚，百年前之糜烂，良可哀也。世卿之多君，地球各国，自中土以外，罕有能变者。日本受毒最久，藤原以后，政柄下移，大将军诸侯王之权，过于天皇，直至明治维新，凡千余年，乃始克革。今俄之皇族，世在要津；英之世爵，主持上议院；乃至法人既变民政，而前朝爵青，犹潜滋暗窥，渐移国权；盖甚矣变之之难也！

封建世卿之与奴隶，其事相因也。举天下之地而畀诸诸侯，则凡居其地者，莫敢不为臣；举天下之田而聚诸贵族，则凡耕其田者，莫敢不为隶。故多君之世，其民必分为数等，而奴隶遍于天下。孔子之制，则自天子以外，士农工商（天子之元子犹士也），编为四民，各授百亩，成得自主。六经不言有奴隶（《周礼》有之者，非孔子所定之制），汉世累诏放奴婢，行孔子之制也。后世此议不讲，至今日而满蒙尚有包衣望族，达官尚有世仆，盖犹多君世之旧习焉。西方则俄国之田，尚悉归贵族掌辖：法国之田，悉为教士及世爵公产。凡齐民之欲耕者，不得不佃其田，而佃其田者，不得不为之役。自余诸国，亦多类是。日本分人为数等之风尤盛，乃至有秽多、非人等名号，凡列此者，不齿人类。而南北美至以贩奴一事，构兵垂十年。此皆多君世之弊政也，今殆将悉革矣。此亦《春秋》施及蛮貊之一端也（余别有《孔制禁用奴婢考》）。

欧洲自希腊列国时已有议政院，论者以为即今之民政。然而吾窃窃焉疑之。彼其议政院，皆王族世爵主持其事，如鲁之三桓，郑之七穆，晋之六卿，楚之屈景，父子兄弟，世居要津，相继相及耳。至于匹夫编户，岂直不能与闻国是，乃至视之若奴隶，举族不得通籍。此其为政也，谓之君无权则可，谓之民有权则不可，此实世卿多君之世界也。度其为制也，殆如英国今日之上议院，而非英国今日之下议院。周厉无道，见流于彘，而共和执政；滕文公行三年之丧，而父兄百官皆不悦，此实上议院之制也，不得谓之民政。若谓此为民政也，则我朝天聪、崇德间，八贝勒并坐议政，亦宁可谓之为民政也。俄史称俄本有议事会，由贵爵主之，颇有权势，诸事皆可酌定。一千六百九十九年，大彼得废之，更立新会，损益其规，俾权操于己（见《俄史辑译》卷二）。俄之旧会，殆犹夫希腊、罗马诸国之议院也，犹多君之政也，俄之变多君而为一君，则自大彼得始也。

大地之事事物物，皆由简而进于繁，由质而进于文，由恶而进于善，有定一之等，有定一之时，如地质学各层之石，其位次不能凌乱也。今谓当中土多君之世，而国已有民政，既有民政，而旋复退而为君政，此于公理不顺，明于几何之学者，必能辨之。

严复曰：欧洲政制，向分三种：曰满那弃者，一君治民之制也；曰巫理斯托格拉时者，世族贵人共和之制也；曰德谟格拉时者，国民为政之制也。德谟格拉时，又名公产，又名合众，希、罗两史，班班可稽，与前二制相为起灭。虽其时法制未若今者之美备，然实为后来民治滥觞。且天演之事，始于胚胎，终于成体，泰西有今日之民主，则当夏、商时含有种子以为起点；而专行君政之国，虽演之亿万年，不能由君而人民。子之言未为当也。启超曰：吾既未克读西籍，事事仰给于舌人，则于西史所窥知其浅也。乃若其所疑者，则据虚理比例以测之，以谓其国既能行民政者，必其民之智甚开，其民之力甚厚，既举一国之民而智焉，而力焉，则必无复退而为君权主治之理，此犹花刚石之下，不得复有煤层，煤层之下，不得复有人迹层也。至于希、罗二史，所称者其或犹火山地震喷出之石汁，而加于地层之上，则非所敢知，然终疑其为偶然之事，且非全体也，故代兰得常得取而篡之（西史称借民权之名以攘君位者，谓之代兰得）。其与今之民政殆相悬也。至疑西方有胚胎，而东方无起点，斯殆不然也。日本为二千年一王主治之国，其君权之重，过于我邦，而今日民义之伸，不让英、德，然则民政不必待数千年前之起点明矣。盖地球之运，将入太平，固非泰西之所得专，亦非震旦之所得避，吾知不及百年，将举五洲而悉惟民之从，而吾中国，亦未必能独立而不变，此亦事理之无如何者也。

世之贤知太过者，或疑孔子何必言小康，此大谬也。凡由多君之政而人民政者，其间必经一君之政，乃始克达。所异者，西人则多君之运长，一君之运短；中国则多君之运短，一君之运长（此事就三千年内言之）。至其自今以往，同归民政，所谓及其成功一也。此犹佛法之有顿有渐，而同一法门。若夫吾中土奉一君之制，而使二千年来杀机寡于西国者，则小康之功德无算也，此孔子立三世之微意也。

问今日之美国、法国，可为太平矣乎？曰恶，恶可！今日之天下，自美、法等国言之，则可谓为民政之世；自中、俄、英、日等国言之，则可谓为一君之世；然合全局以言之，则仍为多君之世而已。各私其国，各私其种，各私其土，各私其物，各私其工，各私其商，各私其财，度支之额，半充养兵，举国之民，悉隶行伍，眈眈相视，龂龅相仇，龙蛇起陆，杀机方长，螳雀互寻，冤亲谁问？呜呼，五洲万国，直一大酋长之世界焉耳！《春秋》曰："未不亦乐乎，尧舜之知君子也。"《易》曰："见群龙无首吉。"其殆为千百年以后之天下言之哉？

（《饮冰室合集，文集之二》，第一册）

南学会

南学会尤为全省新政之命脉，虽名为学会，实兼地方议会之规模。先由巡抚派选本地绅士十人为总会长，继由此十人各举所知辗转汲引以为会员。每州每县皆必有会员三人至十人之数，选各州县好义爱国之人为之。会中每七日一演说，巡抚学政率官吏临会。黄遵宪、谭嗣同、梁启超及学长□□□等，轮日演说中外大势、政治原理、行政学等，欲以激发保教爱国之热心，养成地方自治之气力。将以半年之后，选会员之高等，留为省会之会员，其次者则散归各州县为一州一县之分会员。盖当时正德人侵夺胶州之时，列国分割中国之论大起，故湖南志士人人作亡后之图，思保湖南之独立。而独立之举，非可空言，必其人民习于政术，能有自治之实际然后可。故先为此会以讲习之，以为他日之基。且将因此而推诸于南部各省，则他日虽遇分割，而南支那犹可以不亡，此会之所以名为南学也。当时所办各事，南学会实隐寓众议院之规模，课吏堂实隐寓贵族院之规模，新政局实隐寓中央政府之规模。巡抚陈宝箴、按察使黄遵宪皆务分权于绅士，如慈母之煦覆其赤子焉。各国民政之起，大率由民与官争权，民出死力以争之，官出死力以压之。若湖南之事势，则全与此相反。陈、黄两公本自有无限之权，而务欲让之于民；民不自知其当有权，而官乃费尽心力以导之，此其盛德殆并世所希矣。……

自时务学堂、南学会等既开后，湖南民智骤开，士气大昌，各县州府私立学校纷纷并起，小学会尤盛，人人皆能言政治之公理，以爱国相砥砺，以救亡为己任，其英俊沉毅之才，遍地皆是，其人皆在二三十岁之间，无科第，无官阶，声名未显著者，而其数不可算计。自此以往，虽守旧者日事遏抑，然而野火烧不尽，春风吹又生，湖南之士之志不可夺矣。虽全国瓜分，而湖南亡后之图，亦已有端绪矣。今并将启超所撰《南学会序》附载于下，阅者可以知立此会之宗旨焉：

岁十月，启超以湘中大夫君子之督责，辞不获命，乃讲学长沙；既至而湘之大夫君子，适有南学会之设，不以启超为不文也，而使为之序。序曰，呜呼，今日之策时变者，则曰八股不废，学校不兴，商政不修，农工不饬，民愚矣，未有能国者也。蒙则谓八股即废，学校即兴，商政即修，农工即饬，而上下之弗矩絜，学派之弗沟通，人心之无热力，虽智其民，而不能国其国也。敢问国，曰有君焉者，有官焉者，有士焉者，有农焉者，有工焉者，有商焉者，有兵焉者，万其目，一其视，万其耳，一其听，万其手，万其足，一其心，万其力，一其事，其位望之差别也万，其执业之差别也万，而其知此事也一，而其志此事也一，心相构，力相摩，点相切，线相交，是之谓万其途，一其归，是之谓国。有国于此，君与官不相接，官与民不相接，官与士不相接，士与士不相接，士与农与工与商与兵不相接，农与农、工与工、商与商、兵与兵不相接，如是乃至士与君不相接，农工商兵与官不相接，之国者何国矣？曰，使其国千人也，则为国者千；使其国万人也，则为国者万，呜呼，不得为有国焉矣。今夫躯万也，心万也，位望万也，执业万也，虽欲一之，孰从而一之？吾乃远稽之三代，乃博观于泰西，彼其有国也，必有会，君于是焉会，官于是焉会，士于是焉会，民于是焉会，旦旦而讲之，昔昔而摩厉之，虽天下之大，万物之多，而惟强吾国之知，夫能齐万而为一者，舍学会其曷能与于斯？昔普之覆于法也，普不国也，时乃有良民会，卒报大仇也。法之覆于普也，法不国也，时乃有纪念会，不数年而法之强若畴昔也。意大利之轭于教皇也，希腊之轭于突厥也，意与希不国也，乃有保国会、保种会，卒克自立，光复旧物也。日本之劫盟于三国也，日不国也，时乃有萨摩长门诸藩侯激励其藩士，蓄其豪杰，汗且喘走国中，以倡大义，一啸百吟，一呻百问疾，时乃有尊攘革政，改进自由诸会党，继轨并作，遂有明治之政也。今夫以地之小如日本，民之寡如日本，幕府秉政以来，士之偷，民之靡，国之贫，兵之弱如日本者，君相争权，内外交讧，时势之危蹙如日本，当彼之时，其去亡也不容发，而卒有今日，则岂非会之为功，有以苏已死之国，而完瓦裂之区者乎？嗟夫，吾中国四万万人，为四万万国之日，盖已久矣。甲午、乙未之间，敌氛压境，沿海江十数省，风声鹤唳，草木皆兵，举国自上达下，抱颅护颈，呼妻唤子，苍黄涕泣，戢戢待絷刲，犹可言也；曾不数月，和议既定，偿币犹未纳，戍卒犹未撤，则已以歌以舞，以遨以嬉，如享太牢，如登春台；其官焉者，依然惟差缺之肥瘠是问；其士焉者，依然惟八股八韵大卷白折之工窳是讲；即有一二号称知学之英，忧时之彦，而汉宋有争，儒墨有争，夷夏有争，新旧学有争，君民权有争；乃至兴一利源，则官与商争，绅与民又争；举一新政，则政府与行省争，此省与彼省又争；议一创举，则意见歧而争，意见不歧而亦争。究之阴血周作，张脉偾兴，旋动旋止，只视为痛痒无关之事，而其心之热力，久冰消雪释于亡何有之乡，而于国之耻，君父之难，身家之危，其忘之也抑已久矣。曾不知支那股份之票，已骈阗于西肆，瓜分中国之图，已高涨于议院！持此以语天下，天下人士犹瞪目莫之信。果未两载，而德人又见告矣，今山东胶湾之掳，闽海船岛之割，予取予携，拱手以献，不待言矣。而其欲犹未餍，其祸犹未息。试问德人今日必索山东全省、福建全省，改隶德版，我何以拒之？试问俄人今日以一旅兵收东三省、直隶、山陕，我何以拒之？试问法人今日以一介使索云贵、两广，我何以拒之？试问英人今日以一纸书取楚蜀吴越，我何以拒之？然则所恃以延一线之息，偷一日之活者，恃敌之不来而已。敌无日不可以来，国无日不可以亡，数年以后，乡井不知谁氏之藩，眷属不知谁氏之奴，血肉不知谁氏之俎，魂魄不知谁氏之鬼。及今犹不思洗常革故，同心竭虑，摩荡热力，震撼精神，致心皈命，破釜沉舟，以图自保于万一，而犹禽视息息，行尸走肉，毛举细故，瞻前顾后，相妒相轧，相距相离，譬犹蒸水将沸于釜，而儵鱼犹作莲叶之戏；燎薪已及于栋，而燕雀犹争稻粱之谋，不亦哀乎？今乎西人不欲分裂中国，斯亦已矣；苟其欲之，如以千钧之弩溃痈，何求不得，何愿不成？然又必迟回审顾，累岁而不发者，则岂不以彼之所重者在商务，一旦事起，沦胥糜烂，而于彼固非有所大利，故苟可已则无宁已也，而无如中国终不自保，则其所谓沦胥糜烂者，终不能免，而彼之商务无论迟速，而必有受牵之一日，故熟思省处，万无得已，而势殆必出于瓜分云尔。然则吾苟确然示之以可以自振、可以自保之机，则其谋可立戢，而其祸可立弭，昭昭然矣。此所以中东之役以后，而泰西诸国，犹徘徊莫肯先动，以待我中国之有此一日，及至三年，一无所闻，而德人之乃复见也。夫所谓可以自振、可以自保之机者，何也？即吾向者所谓齐万为一，而心相构而力相摩，而点相切而线相交，盖非是而一利不能兴，一弊不能革，一事不能办，虽日呼号痛哭，奔走骇汗，而其无救于危亡一也。吾闻日本幕府之末叶，诸侯拥士者数十，而惟萨长土肥四藩者，其士气横溢，热血奋发，风气已成，浸假遍于四岛。今以中国之大，积弊之久，欲一旦联而合之，吾知其难矣。其能如日本之已事，先自数省者起，此数省者，其风气成，其规模立，然后浸淫披靡以及于他省，苟万夫一心，万死一生以图之，以力戴王室，保全圣教，噫，或者其犹可为也。湖南天下之中，而人才之渊薮也，其学者有畏斋、船山之道风，其任侠尚气，与日本萨摩长门藩士相仿佛；其乡先辈若魏默深、郭筠仙、曾劼刚诸先生，为中土言西学者所自出焉。两岁以来，官与绅一气，士与民一心，百废俱举，异于他日，其可以强天下而保中国者，莫湘人若也。今诸君子既发大愿，先合南部诸省而讲之，庶几官与官接，官与士接，士与民接，省与省接，为中国热力之起点，而上下从兹其矩絜，学派从兹其沟通，而数千年之古国，或尚可以自立于天地也；则启超日日执鞭以从诸君子之后，所忻慕焉。

（《饮冰室合集·专集之一》，第六册）

于京师开保国会

今日之会，惟诸君子过听，或以演说之事相督责。启超学识陋浅，言语朴讷，且久病初起，体气未复，无以应明命，又不敢阙焉以破会中之例，谨略述开会宗旨，以笔代舌，惟垂览焉。呜呼！今日中国之士大夫，其心力，其议论，与三岁以前则大异。启超甲午、乙未游京师，时东警初起，和议继就，窃不自揣，日攘臂奋舌，与士大夫痛陈中国危亡、朝不及夕之故，则信者十一，疑者十九。退而蠹然忧，睊然思，谓安得吾国中人人知危知亡，其必有振而救之者。乃及今岁，胶、旅、大、威相继割弃，受胁失权之事，一月二十见。启超复游京师，与士大夫接，则忧瓜分惧为奴之言，洋溢乎吾耳也。及求其所以振而救之之道，则曰天心而已，国运而已；谈及时局，则曰一无可言；语以办事，则曰缓不济急。千臆一念，千喙一声，举国戢戢，坐待到割。嗟乎！昔曾惠敏作《中国先睡后醒论》，英人乌理西（英之子爵，今任全国陆军统帅）谓中国如佛兰金仙之怪物，纵之卧则安寝无为，警之觉则奋牙张爪，盖皆于吾中国有余望也。今之忧瓜分惧危亡者遍天下，殆几于醒矣，而其论议若彼，其心力若此。故启超窃谓，吾中国之亡，不亡于贫，不亡于弱，不亡于外患，不亡于内讧，而实亡于此辈士大夫之议论，之心力也。……

然则，我土我大夫之所以自放于无用之地，以求为消遣岁月之谋，甘为游民，甘蹈高丽之覆辙而不悟者，殆皆以无学会之故。思之思之，鬼神通之，锲而不舍，金石镂之。群之习之，摩之厉之，荡之决之，策之鞭之。意者佛兰金仙，其犹有将醒之时；而曾惠敏、乌西里之言，不终不验耶？则启超馨香而祝之，跪膜而礼之。

（《国闻报》，一八九八年四月十二日）

请废科举

同月（一八九八年五月），梁启超等联合举人百余人，连署上书，请废八股取士之制。书达于都察院，都察院不代奏，达于总理衙门，总理衙门不代奏。当时会试举人集辇毂下者，将及万人，皆与八股性命相依，闻启超等此举，嫉之如不共戴天之仇，遍播谣言，几被殴击。

（《饮冰室合集·专集之一》，第六册）

京师大学堂

自甲午以前，我国士大夫言西法者，以为西人之长，不过在船坚炮利，机器精奇，故学之者亦不过炮械船舰而已，此实我国致败之由也。乙未和议成后，士大夫渐知泰西之强，由于学术，颇有上书言之者，而刑部侍郎李端棻之奏，最为深切详明，得旨允行。而恭亲王、刚毅等，谓可以缓办，诸臣和之，故虽奉明诏，而束高阁者三年矣。皇上既毅然定国是，决行改革，深知现时人才未足为变法之用，故首注意学校，三令五申。诸大臣奉严旨，令速拟章程，成仓皇不知所出，盖中国向未有学校之举，无成案可稽也。当时军机大臣及总署大臣，咸饬人来属梁启超代草。梁乃略取日本学规，参以本国情形，草定规则八十余条，至是上之，皇上俞允，而学校之举乃粗定。即此一事，下之志士之发论，上之盈廷之抗议，凡历三年，犹烦圣主屡次敦迫，仅乃有成，其难如此，然其后犹以办理非人，成效难睹，盖变法而不全变，有法无人之弊也。

（《饮冰室合集·专集之一》，第六册）

得光绪帝之召见

中国之弱，由于民愚也。民之愚由于不读万国之书、不知万国之事也。欲救其敝，当有二端：一曰开学校，以习西文；二曰将西书译成汉字。二者不可偏废也。然学校仅能教童幼之人，若年已长成，多难就学。而童幼脑智未启，学力尚浅，故其通达事理，能受学力，又每不如长成之人。且主持现今之国论者，在长成人而不在童幼人也。故欲实行改革，必使天下年齿方壮志气远大之人；多读西书通西学而后可，故译书实为改革第一急务也。中国旧有译出之书，详于医学、兵学，而其他甚少，若政治、财政、法律等书，则几绝无焉。且亦皆数十年前之旧本，西人悉已吐弃者，故不能启发才智，转移士论也。康有为于光绪二十一年开强学会于上海，倡译日本书之论，盖以日本与我同文，译之较易也。后强学会被禁，事遂中止。康复说张之洞筹款办之，张许诺而卒不办。至是，御史杨深秀上书言译书之要，梁启超以是日召见，上命进呈所著《变法通议》，大加奖励，遂有是命。

我国科举，向皆由学政考试，乃得出身。学校生徒，向无学级，故不足以鼓励人才。梁启超以微员所开之学校，而请学生之出身，实为四千年之创举。非皇上之圣明刚决，采择新法，岂能许之哉？

（《饮冰室合集·专集之一》，第六册）

流亡日本办教育

到了戊戌政变，时务学校解散，我亡命到日本。当时那些同学，虽然受社会上极大的压迫，志气一点不消极。他们四十人中有十一人相约出来找我，可是并不知道我在什么地方，他们冒了许多困难，居然由家里逃出来跑到上海。可是到上海后一个人不认得，又费了许多手续，慢慢打听，才知道我的住址，能够与我通信。后来我听说松坡到上海住在旅馆的时候，身上不多不少只剩下一百二十个有孔的铜钱，他在还没有得到我的回信之前，也曾进南洋公学，在那里一个多月。其后我接到他们的来信，凑点盘费，让他们到日本来。但是我在那个时候，正是一个亡命的人，自己一个钱都没有，不过先将他们请来，再想办法。他们来了之后，我在日本小石川久坚町租了三间房子，我们十几个人打地铺，晚上同在地板上睡，早上卷起被窝，每人一张小桌，念书。那时的生活，物质方面虽然很苦，但是我们精神方面异常快乐，觉得比在长沙时还好。在那个时候主要的功课是叫他们上日本学堂。我除了用以前在时务学堂教书的方法让大家读书作札记之外，他们大部分的时间都是预备日本话同其他几种普通学——如数学。这样的生活前后有九个月的时间。

（《梁任公先生年谱长编》）

政变原因答客难

语曰：忠臣去国，不洁其名。大丈夫以身许国，不能行其志，乃至一败涂地，漂流他乡，则惟当缄口结舌，一任世人之戮辱之，嬉笑之，唾骂之，斯亦已矣；而犹复哓哓焉欲以自白，是岂大丈夫之所为哉？虽然，事有关于君父之生命，关于全国之国论者，是固不可以默默也。

论者曰：中国之当改革，不待言矣，然此次之改革，得无操之过蹙，失于急激，以自贻磋跌之忧乎？辩曰：中国之当改革，三十年于兹矣，然而不见改革之效，而徒增其弊者何也？凡改革之事，必除旧与布新，两者之用力相等，然后可有效也。苟不务除旧而言布新，其势必将旧政之积弊，悉移而纳于新政之中，而新政反增其害矣。如病者然，其积痞方横塞于胸腹之间，必一面进以泻利之剂，以去其积块，一面进以温补之剂，以培其元气，庶几能奏功也。若不攻其病，而日饵之以参苓，则参苓即可为增病之媒，而其人之死当益速矣。我中国自同治后，所谓变法者，若练兵也，开矿也，通商也，交涉之有总署使馆也，教育之有同文方言馆及各中西学堂也，皆畴昔之人所谓改革者也。夫以练兵论之，将帅不由学校而出，能知兵乎？选兵无度，任意招募，半属流丐，体之羸壮士所不知，识字与否所不计，能用命乎？将俸极薄，兵饷极微，武阶极贱，士人以从军为耻，而无赖者乃承其乏，能洁己效死乎？图学不兴，阨塞不知，能制胜乎？船械不能自制，仰息他人，能如志乎？海军不游弋他国，将帅不习风涛，一旦临敌，能有功乎？警察不设，户籍无稽，所练之兵，日有逃亡，能为用乎？如是，则练兵如不练。且也用洋将统带训练者，则授权于洋人，国家岁糜巨帑，为他人养兵以自噬；其用土将者，则如董福祥之类，借众闹事，损辱国体，动招边衅，否则骚扰闾阎而已，不能防国，但能累民；又购船置械于外国，则官商之经手者，借以中饱自肥，费重金而得窳物，如是则练兵反不如不练。以开矿论之，矿务学堂不兴，矿师乏绝，重金延聘西人，尚不可信，能尽地利乎？机器不备，化分不精，能无弃材乎？道路不通，从矿地运至海口，其运费视原价或至数倍，能有利乎？如是则开矿如不开。且也西人承揽，各国要挟，地利尽失，畀之他人；否则奸商胡闹，贪官串弊，各省矿局，只为候补人员“领干脩”之用，徒糜国帑，如是则开矿反不如不开。以通商论之，计学不讲，罕明商政之理，能保富乎？工艺不兴，制造不讲，土货销场，寥寥无几，能争利乎？道路梗塞，运费笨重，能广销乎？厘卡满地，抑勒逗留，朘膏削脂，有如虎狼，能劝商乎？领事不察外国商务，国家不护侨寓商民，能自立乎？如是则通商如不通。且也外品日输入，内币日输出，池枯鱼竭，民无噍类，如是则通商反不如不通。以交涉论之，总理衙门老翁十数人，日坐堂皇，并外国之名且不知，无论国际，并己国条约且未寓目，无论公法，各国公使领事等官，皆由奔竞而得，一无学识，公使除呈递国书之外无他事，领事随员等除游观饮食之外无他业，何取于此辈之坐食乎？如是则有外交官如无外交官。且使馆等人在外国者，或狎邪无赖，或鄙吝无耻，自执贱业，污秽难堪，贻笑外人，损辱国体，其领事等非惟不能保护己商，且从而陵压之，如是则有外交官反不如无外交官。以教育论之，但教方言以供翻译，不授政治之科，不修学艺之术，能养人才乎？科举不变，荣途不出士大夫之家，聪颖子弟皆以入学为耻，能得高才乎？如是则有学堂如无学堂。且也学堂之中，不事德育，不讲爱国，故堂中生徒，但染欧西下等人之恶风，不复知有本国，贤者则为洋佣以求衣食，不肖者且为汉奸以倾国基，如是则有学堂反不如无学堂。凡此之类，随举数端，其有弊无效，固已如是。自余各端，亦莫不如是。然则前此之所谓改革者，所谓温和主义者，其成效固已可睹矣。夫此诸事者，则三十年来名臣曾国藩、文祥、沈葆桢、李鸿章、张之洞之徒，所竭力而始成之者也，然其效乃若此。然则，不变其本，不易其俗，不定其规模，不筹其全局，而依然若前此之支支节节以变之，则虽使各省得许多总督皆若李鸿章、张之洞之才之识，又假以十年无事，听之使若李鸿章、张之洞之所为，则于中国之弱之亡，能稍有救乎？吾知其必不能也。何也？盖国家之所赖以成立者，其质甚繁，故政治之体段亦甚复杂，枝节之中有根干焉，根干之中又有总根干焉，互为原因，互为结果。故言变法者，将欲变甲，必先变乙；及其变乙，又当先变丙，如是相引，以至无穷，而要非全体并举，合力齐作，则必不能有功，而徒增其弊。譬之有千岁老屋，瓦墁毁坏，榱栋崩折，将就倾圮，而室中之人，乃或酣嬉鼾卧，漠然无所闻见；或则补苴罅漏，弥缝蚁穴，以冀支持；斯二者，用心虽不同，要之风雨一至，则屋必倾，而人必同归死亡，一也。夫酣嬉鼾卧者，则满洲党人是也：补苴弥缝者，则李鸿章、张之洞之流是也。谚所谓室漏而补之，愈补则愈漏；衣敝而结之，愈结则愈破，其势固非别构新厦，别纫新制，乌乎可哉？若知世之所谓温和改革者，宜莫如李、张矣，不见李鸿章训练海军之洋操，所设之水师学堂、医学堂乎？不见张之洞所设之实学馆、自强学堂、铁政局、自强军乎？李以三十年之所变者若此，张以十五年之所变者若此，然则再假以十五年，使如李、张者出其温和手段，以从容布置，到光绪四十年，亦不过多得此等学堂洋操数个而已。一旦有事，则亦不过如甲午之役，望风而溃，于国之亡，能稍有救乎？既不能救亡，则与不改革何以异乎？夫以李、张之才如彼，李、张之望如彼，李、张之见信任负大权如彼，李、张之遇无事之时，从容十余年之布置如彼，其所谓改革者乃仅如此。况于中朝守旧，庸耄盈延，以资格任大官，以贿赂得美差，大臣之中安所得多如李、张之之者？而外患之迫，月异而岁不同，又安所更得十余年之从容岁月者？然则，舍束手待亡之外，无他计也，不知所谓温和主义者，何以待之。抑世之所谓急激者，岂不以疑惧交乘，怨谤云起，为改革党人所自致乎？语曰："非常之原，黎民惧焉。"又曰："凡民可以乐成，难以虑始。"从古已然，况今日中国之官之士之民，智识未开，懵然不知有天下之事，其见改革而惊讶，固所当然也。彼李鸿章前者所办之事，乃西人皮毛之皮毛而已，犹且以此负天下之重谤，况官位远在李鸿章之下，而所欲改革之事，其重大又过于李鸿章所办者数倍乎？夫不除弊则不能布新，前既言之矣，而除旧弊之一事，最易犯众忌而触众怒，故全躯保位惜名之人，每不肯为之。今且勿论他事，即如八股取士锢塞人才之弊，李鸿章、张之洞何尝不知之，何尝不痛心疾首而恶之。张之洞且常与余言，以废八股为变法第一事矣，而不闻其上疏请废之者，盖恐触数百翰林、数千进士、数万举人、数十万秀才、数百万童生之怒，惧其合力以谤己而排挤己也。今夫所谓爱国之士，苟其事有利于国者，则虽败己之身、裂己之名，犹当为之。今既自谓爱国矣，又复爱身焉，又复爱名焉，及至三者不可得兼，则舍国而爱身名；至二者不可得兼，又将舍名而爱身；吾见世之所谓温和者，如斯而已，如斯而已！吉田松阴曰："观望持重，号称正义者，比比皆然，最为最大下策，何如轻快捷速，打破局面，然后徐占地布石之为愈乎？"呜呼！世之所谓温和者，其不见绝于松阴先生者希耳。即以日本论之，幕末藩士，何一非急激之徒，松阴、南洲，尤急激之巨魁也。试问非有此急激者，而日本能维新乎？当积弊疲玩之既久，不有雷霆万钧霹雳手段，何能唤起而振救之？日本且然，况今日我中国之积弊，更深于日本幕末之际，而外患内忧之亟，视日本尤剧百倍乎！今之所谓温和主义者，犹欲以维新之业，望之于井伊、安藤诸阁老也。故康先生之上皇帝书曰："守旧不可，必当变法；缓变不可，必当速变；小变不可，必当全变。"又曰："变事而不变法，变法而不变人，则与不变同耳。"故先生所条陈章奏，统筹全局者，凡六七上，其大端在请誓太庙以戒群臣，开制度局以定规模，设十二局以治新政，立民政局以行地方自治；其他如迁都、兴学、更税法、裁厘金、改律例、重俸禄、遣游历、派游学、设警察、练乡兵、选将帅、设参谋部、大营海军、经营西藏、新疆等事，皆主齐力并举，不能枝枝节节而为之。而我皇上亦深知此意，徒以无权不能遽行，故屡将先生之折交军机总署会议，严责其无得空言搪塞，盖以见制西后，故欲借群臣之议以定之也。无如下有老耄守旧之大臣，屡经诏责而不恤；上有揽权猜忌之西后，一切请命而不行。故皇上与康先生之所欲改革者，百分未得其一焉。使不然者，则此三月之中，旧弊当已尽革，新政当已尽行，制度局之规模当已大备，十二局之条理当已毕详，律例当已改，巨饷当已筹，警察当已设，民兵当已练，南部当已迁都，参谋部当已立，端绪略举，而天下肃然向风矣。今以无权之故，一切所行，非其本意，皇上与康先生方且日日自疚其温和之已甚，而世人乃以急激责之，何其相反乎？嗟乎！局中人曲折困难之苦衷，非局外人所能知也久矣。以谭嗣同之忠勇明达，当其初被征入都，语以皇上无权之事，犹不深信。及七月廿七日皇上欲开懋勤殿，设顾问官，命谭查历朝圣训之成案，将据以请于西后。至是谭乃恍然于皇上之苦衷，而知数月以来改革之事，未足以满皇上之愿也。谭嗣同且如此，况于其他哉！夫以皇上与康先生处至难之境，而苦衷不为天下所共谅，庸何伤焉。而特恐此后我国民不审大局，徒论成败，而曰是急激之咎也，是急激之鉴也，因相率以为戒，相率于一事不办，束手待亡，而自以为温和焉。其上者则相率于补漏室，结鹑衣，枝枝节节，畏首畏尾，而自以为温和焉。而我国终无振起之时，而我四万万同胞之为奴隶，终莫可救矣。是乃所大忧也，故不可以不辩也。

（《饮冰室合集·专集之一》，第六册）

澳洲募捐

初来时，睹外貌情形，以为最少亦当得五万左右，不意美利伴自弟子行后，即以风流云散。盖美利伴人之热闹，非为中国也，乃为乡谊（皆四邑人）耳。雪埠初时以为梅党可抚，乃竭全力以图之，终不能得一文，仅原有值理加捐一次，得千镑而已。嘎特列一埠书捐者四十余镑，至今一文不交，屡信往催，置若罔闻。孖剌一埠书捐得八十余镑，仅交十余镑，余皆无着。鸟修威省埠系三处，得三百余镑，现收者二百余。计汇岛处，一次系美利伴款七百镑，一次系雪梨款一千镑，其西粤款度三百镑左右，计二千镑。因接尊电后，勉筹三百镑还紫珊，亦雪值理所加捐也。续得孝入桂之电，再行加捐，仅得二百镑矣。而雪梨已加捐至五六次，人心倦极矣。而此外车费、电费、供养费、归国船费，因弟子来而用者，亦不下千镑以外，雪梨人之热力而耐久不衰，真可敬也，然亦已到极点矣。

至各处埠仔不去之故，非由弟子畏劳，亦非恋学误事，盖凡其埠无心来请者，往亦不能开会。即开会，亦无款可收，嘎特列、孖剌乃其前车。即以鸟修威数小埠而论，其无心来请，顺道勉强一往者，每埠皆不能过十镑，犹且不交，如此，虽往何益？不惟无益而已，各埠皆散处，相距动辄数百英里，弟子每行除罗昌外，最少必须以本地一人随行，三人之车费，每到一地动二三十镑，皆须由雪梨人出之，既明知其去而无益，得不偿失，则不惟雪梨人有难色，即弟子亦何心出此耶。即如鸟丝纶，本一大岛也，人数亦有两三千，然遍布环岛十余埠，须在途中四五十日，乃能遍历之。以三人四五十日之途费，非二百镑不能办，雪梨人安能有此力量。而彼既无意来请，所得渺茫，弟子断不能强雪梨人以所难也。鸟丝纶一省如是矣，若遍历五省，费几至六七百镑。若雪梨人能捐此，则弟子宁以此汇归充用，不欲以为孤注焉矣。此所以久处雪梨，不往他处之实情也。既以决归矣，归途经坤士兰、泼打云两省，已先遣鲍炽早半月往布置，或冀能有一两处开会者。然能否未可知，即能，亦不能过五六百镑也。

（《梁任公先生年谱长编》）

檀香山之恋

来檀不觉半年矣，可笑。女郎何蕙珍者，此间一商人之女也。其父为保皇会会友。蕙珍年二十，通西文，尤善操西语，全檀埠男子无能及之者，学问见识皆甚好，喜谈国事，有丈夫气，年十六即为学校教师，今四年矣。一夕其父请余宴于家中，座有西国缙绅名士及妇女十数人，请余演说，而蕙珍为翻译。明晨各西报即遍登余演说之语，颂余之名论，且兼赞蕙珍之才焉。余初见蕙珍，见其粗头乱服如村姑，心忽略之；及其入座传语，乃大惊，其目光炯炯，绝一好女子也。及临行与余握手（檀俗华人行西例，相见以握手为礼，男女皆然）而言曰："我万分敬爱梁先生，虽然，可惜仅爱而已，今生或不能相遇，愿期诸来生，但得先生赐以小像，即遂心愿。"余是时唯唯而已，不知所对。又初时有一西报为领事所嘱，诬谤余特甚，有人屡作西文报纸与之驳难，而不著其名，余遍询同志，皆不知。及是夕，蕙珍携其原稿示我，乃知皆蕙珍所作也。余益感服之。虽近年以来，风云气多，儿女情少，然见其事、闻其言，觉得心中时时刻刻有此人，不知何故也。越数日，使赠一小像去（渠报以两扇），余遂航海往游附属各小埠，半月始返。既返，有友人来谓余曰："先生将游美洲，而不能西语，殊为不便，亦欲携一翻译同往乎？"余曰："欲之，然难得妥当人。"友人笑而言曰："先生若志欲学西语，何不娶一西妇晓华语者，一面学西文，一面当翻译，岂不甚妙？"余曰："君戏我，安有不相识之西人闺秀而肯与余结婚？且余有妇，君岂未知之乎！"友人曰："某何人敢与先生作戏言？先生所言，某悉知之，某今但问先生，譬如有此闺秀，先生何以待之？”余熟思片时，乃大悟，遂谓友人曰：“君所言之人，吾知之，吾甚敬爱之，且特别思之。虽然，吾尝与同志创立一夫一妻世界会，今义不可背，且余今日万里亡人，头颅声价，至值十万，以一身往来险地，随时可死，今有一荆妻，尚且会少离多，不能厮守，何可更累人家好女子？况余今日为国事奔走天下，一言一动，皆为万国人所观瞻，今有此事，旁人岂能谅我？请君为我谢彼女郎，我必以彼敬爱我之心敬爱彼，时时不忘，如是而已。”友人未对，余忽又有所感触，乃又谓之曰：“吾欲替此人执柯可乎？”盖余忽念及孺博也。友人遽曰：“先生既知彼人，某亦不必吞吐其词，彼人目中岂有一男子足当其一盼？彼于数年前已誓不嫁矣。请先生勿再他言。”遂辞去。今日（距友人来言时五日也）又有一西人请余赴宴，又请蕙珍为翻译，其西人（即前日在蕙珍家同宴者）乃蕙珍之师也。余于席上与蕙珍畅谈良久，余不敢道及此事，彼亦不言，却毫无爱恋抑郁之态，但言中国女学不兴为第一病源，并言当如何整顿小学校之法以教练儿童，又言欲造切音新字，自称欲以此两事自任而已。又劝余入耶稣教，盖彼乃教中人也。其言滔滔汩汩，长篇大段，使余几穷于应答。余观其神色，殆自忘为女子也。我亦几忘其为女子也。余此次相会，以妹呼之。余曰：“余今有一女儿，若他日有机缘，当使之为贤妹女弟子。”彼亦诺之不辞。彼又谓余曰：“闻尊夫人为上海女学堂提调，想才学亦如先生，不知我蕙珍今生有一相见之缘否？先生有家书，请为我问好。”余但称惭愧而已。临别，伊又谓余曰：“我数年来，以不解华文为大憾事，时时欲得一通人为师以教我，今既无可望，虽然，现时为小学校教习，非我之志也。我将积数年束脩所入，特往美洲就学于大学堂，学成归国办事。先生他日维新成功后，莫忘我，但有创办女学堂之事，以一电召我，我必来。我之心惟有先生。”云云。遂握手珍重而别。余归寓后，愈益思念蕙珍，由敬重之心，生出爱恋之念来，几于不能自持。明知待人家闺秀，不应起如是念头，然不能制也。酒阑人散，终夕不能成寐，心头小鹿，忽上忽落，自顾生平二十八年，未有如此可笑之事者。

……余自顾一山野鄙人，祖宗累代数百年，皆山居谷汲耳。今我乃以二十余岁之少年，虚名震动五洲，至于妇人女子为之动容，不可为非人生快心之事。

（《梁任公先生年谱长编》）

立宪法议

有土地、人民立于大地者谓之国。世界之国有二种：一曰君主之国，二曰民主之国。

设制度、施号令以治其土地、人民谓之政。世界之政有二种：一曰有宪法之政（亦名立宪之政），二曰无宪法之政（亦名专制之政）。采一定之政治以治国民谓之政体。世界之政体有三种：一曰君主专制政体，二曰君主立宪政体，三曰民主立宪政体。今日全地球号称强国者十数，除俄罗斯为君主专制政体，美利坚、法兰西为民主立宪政体外，自余各国则皆君主立宪政体也。君主立宪者，政体之最良者也。民主立宪政体，其施政之方略，变易太数，选举总统时，竞争太烈，于国家幸福，未尝不间有阻力。君主专制政体，朝廷之视民如草芥，而其防之如盗贼；民之畏朝廷如狱吏，而其嫉之如仇雠。故其民极苦，而其君与大臣亦极危，如彼俄罗斯者，虽有虎狼之威于一时，而其国中实杌陧而不可终日也。是故君主立宪者，政体之最良者也。地球各国既行之而有效，而按之中国历古之风俗与今日之时势，又采之而无弊者也（三种政体，旧译为君主、民主、君民共主。名义不合，故更定今名）。

宪法者何物也？立万世不易之宪典，而一国之人，无论为君主、为官吏、为人民，皆共守之者也，为国家一切法度之根源。此后无论出何令，更何法，百变而不许离其宗者也。

西语原字为the constitution，译意犹言元气也。盖谓宪法者，一国之元气也。

立宪政体，亦名为有限权之政体；专制政体，亦名为无限权之政体。有限权云者，君有君之权，权有限；官有官之权，权有限；民有民之权，权有限。故各国宪法，皆首言君主统治之大权及皇位继袭之典例，明君之权限也；次言政府及地方政治之职分，明官之权限也；次言议会职分及人民自由之事件，明民之权限也。我中国学者，骤闻君权有限之义，多有色然而惊者，其意若曰，君也者，一国之尊无二上者也，臣民皆其隶属者也；只闻君能限臣民，岂闻臣民能限君？臣民而限君，不几于叛逆乎？不知君权有限云者，非臣民限之，而宪法限之也。且中国固亦有此义矣。王者之立也，郊天而荐之；其崩也，称天而谥之；非以天为限乎？言必称先王，行必法祖宗，非以祖为限乎？然则古来之圣师、哲王，未有不以君权有限，为至当不易之理者：即历代君主，苟非残悍如秦政、隋炀，亦断无敢以君权无限自居者。乃数千年来，虽有其意而未举其实者何也？则以无宪法故也。以天为限，而天不言；以祖宗为限，而祖宗之法不过因袭前代旧规，未尝采天下之公理，因国民之所欲，而勒为至善无弊之大典。是故中国之君权，非无限也，欲有限而不知所以为限之道也。今也内有爱民如子、励精图治之圣君，外有文明先导、可师可法之友国，于以定百世可知之成宪，立万年不拔之远猷，其在斯时乎！其在斯时乎！各国宪法，既明君与官之权限，而又必明民之权限者何也？民权者，所以拥护宪法而不使败坏者也。使天下古今之君主，其仁慈睿智，皆如我今上皇帝，则求助于民可也，不求助于民亦可也。虽然，以禹、汤之圣，而不能保子孙无桀、纣；以高、光之明，而不能保子孙无桓、灵。此实千古之通轨，不足为讳者矣。使不幸而有如桀、纣者出，滥用大权，恣其暴戾，以蹂躏宪法，将何以待之？使不幸而有如桓、灵者出，旁落大权，奸雄窃取，以蹂躏宪法，又将何以待之？故苟无民权，则虽有至良极美之宪法，亦不过一纸空文，毫无补济，其事至易明也。不特此也，即使代代之君主，圣皆如汤、禹，明皆如高、光，然一国之大，非能一人独治之也，必假手于官吏。官吏又非区区少数之人已也，乃至千万焉、亿兆焉。天下上圣少而中材多，是故勉善难而从恶易，其所以不敢为非者，有法以限之而已；其所以不敢不守法者，有人以监之而已。乃中国未尝无法以限官吏，亦未尝不设人以监官吏之守法，而卒无效者何也？则所以监之者非其道也。惧州、县之不守法也，而设道、府以监之；道、府不守法，又将若何？惧道、府之不守法也，而设督、抚以监之：督、抚不守法，又将若何？所谓法者，既不尽可行，而监之之人，又未必贤于其所监者，掣肘则有万能，救弊则无一效，监者愈多，而治体愈乱，有法如无法，法乃穷。是故监督官吏之事，其势不得不责成于人民，盖由利害关切于己身，必不肯有所徇庇；耳目皆属于众论，更无所容其舞文也。是故欲君权之有限也，不可不用民权；欲官权之有限也，更不可不用民权。宪法与民权，二者不可相离，此实不易之理，而万国所经验而得之也。

孟子曰：“天下之生久矣，一治一乱。”此为专制之国言之耳。若夫立宪之国，则一治而不能复乱。专制之国，遇令辟则治，遇中主则衰，遇暴君即乱；即不遇暴君，而中主与中主相续，因循废弛之既久，而亦足以致乱；是故治日常少，而乱日常多。历观中国数千年致乱之道，有乱之自君者，如嫡庶争立、母后擅权、暴君无道等是也；有乱之自臣者，如权相篡弑、藩镇跋扈等是也；有乱之自民者，或为暴政所迫，或为饥馑所驱。要之，皆朝廷先乱然后民乱也。若立宪之国，则无虑是。君位之承袭，主权之所属，皆有一定，而岂有全壬得乘隙以为奸者乎？大臣之进退，一由议院赞助之多寡，君主察民心之所向，然后授之，岂有操、莽、安、史之徒，能坐大于其间者乎？且君主之发一政、施一令，必谋及庶人，因国民之所欲，经议院之协赞，其有民所未喻者，则由大臣反覆宣布于议院，必求多数之共赞而后行。民间有疾苦之事，皆得提诉于议院，更张而利便之，而岂有民之怨其上者乎？故立宪政体者，永绝乱萌之政体也。馆阁颂扬通语，动曰“国家亿万年有道之长”。若立宪政体，真可谓国家亿万年有道之长矣！即如今日英、美、德、日诸国，吾敢保其自今以往，直至天荒地老，而国中必无内乱之忧也！然则谋国者亦何惮而不采此政体乎？吾侪之昌言民权，十年于兹矣；当道者忧之、嫉之、畏之，如洪水猛兽然。此无怪其然也，盖由不知民权与民主之别，而谓言民权者必与彼所戴之君主为仇，则其忧之、嫉之、畏之也固宜。不知有君主之立宪，有民主之立宪，两者同为民权，而所以驯致之途，亦有由焉。凡国之变民主也，必有迫之使不得已者也。使英人非虐待美属，则今日之美国，犹澳洲、加拿大也；使法王非压制其民，则今日之法国，犹波旁氏之朝廷也。故欲翊戴君主者，莫如兴民权。不观英国乎？英国者世界中民权最盛之国也，而民之爱其皇若父母焉，使英廷以畴昔之待美属者待其民，则英之为美续久矣。不观日本乎？日本者亚洲民权滥觞之国也，而民之敬其皇若帝天焉，使日皇如法国路易第十四之待其民，则日本之为法续久矣。一得一失，一荣一瘁，为君者宜何择焉？爱其君者宜何择焉？

抑今日之世界，实专制、立宪两政体新陈嬗代之时也。按之公理，凡两种反比例之事物相嬗代必有争，争则旧者必败而新者必胜。故地球各国，必一切同归于立宪而后已，此理势所必至也。以人力而欲与理势为敌，譬犹以卵投石，以蜉撼树，徒见其不知量耳。昔距今百年以前，欧洲各国，除英国外，皆专制也。压之既极，法国大革命忽焉爆裂，声震天地，怒涛遂波及全欧。民间求立宪者，各国皆然。俄、普、奥三国之帝，结同盟以制其民，有内乱则互相援助，而奥相梅特涅，以阴鸷狡悍之才，执欧洲大陆牛耳四十年，日以压民权为事，卒不能敌，身败名裂。距今五十年顷，而全欧皆立宪矣。尚余一土耳其，则各国目之为病夫，日思豆剖而瓜分之者也；尚余一俄罗斯，虽国威赫赫于外，然其帝王之遇刺者三世矣，至今犹鉏麑满地，寝息不安。为君之难，一至于此，容何乐耶？故百年以来，地球各国之转变，凡有四别：其一，君主顺时势而立宪法者，则其君安荣，其国宁息，如普、奥、日本等国是也。其二，君主不肯立宪，民迫而自立，遂变为民主立宪者，如法国及南美洲诸国是也。其三，民思立宪，君主不许，而民间又无力革命，乃日以谋刺君相为事者，如俄罗斯是也。其四，则君民皆不知立宪之美，举国昏蒙，百政废弛，遂为他族夷而灭之者，如印度、安南诸国是也。四者之中，孰吉孰凶，何去何从，不待智者而决矣。如彼普、奥之君相，初以为立宪之有大害于己也，故出死力以争之；及既立宪之后，始知非惟无害，又大利焉，应爽然失笑，悔前者之自寻烦恼矣，然犹胜于法国之路易第十六，欲悔而无及也。今西方之嬗代，既已定矣，其风潮遂环卷而及于东土。日本得风气之先，趋善若渴，元气一立，遂以称强。中国彼昏日醉，陵夷衰微，情见势绌，至今而极矣。日本之役一棒之，胶旅之警一喝之，团匪之祸一拶之，识者已知国家元气为须臾不可缓。盖今日实中国立宪之时机已到矣！当局者虽欲阻之，乌从而阻之？顷当局者既知兴学育才之为务矣，学校中多一少年，即国民中多一立宪党，何也？彼其人苟有爱国心而略知西人富强所由来者，未有不以此事为第一义也。故中国究竟必与地球文明国同归于立宪，无可疑也。特今日而立之，则国民之蒙福更早，而诸先辈尸其功；今日而沮之，则国家之进步稍迟，而后起者为其难。如斯而已！苟真有爱君爱国心者，不可不熟察鄙言也。

问者曰：然则中国今日遂可行立宪政体乎？曰：是不能。立宪政体者，必民智稍开而后能行之。日本维新在明治初元，而宪法实施在二十年后，此其证也。中国最速亦须十年或十五年，始可以语于此。问者曰：今日既不可遽行，而子汲汲然论之何也？曰：行之在十年以后，则定之当在十年以前。夫一国犹一身也，人之初就学也，必先定吾将来欲执何业，然后一切学识，一切材料，皆储之为此业之用。故医士必于未行医之前数年而自定为医，商人必于未经商之前数年而自定为商，此事之至浅者也。惟国亦然，必先定吾国将来采用何种政体，然后凡百之布置，凡百之预备，皆从此而生焉。苟不尔尔，则如航海而无南针，缝衣而无量尺，乱流而渡，不知所向，弥缝补首，不成片段，未有能济者也。故采定政体，决行立宪，实维新开宗明义第一事，而不容稍缓者也！

既定立宪矣，则其立之之次第当如何？曰：宪法者，万世不易者也，一切法度之根源也，故当其初立之也，不可不精详审慎，而务止于至善。日本之实行宪法也，在明治二十三年；其颁布宪法也，在明治十三年；而其草创宪法也，在明治五年。当其草创之始，特派大臣五人，游历欧洲，考察各国宪法之同异，斟酌其得失；既归而后，开局以制作之。盖其慎之又慎、豫之又豫也如此。今中国而欲行之，则吾以为其办理次第当如左：

一、首请皇上涣降明诏，普告臣民，定中国为君主立宪之帝国，万世不替。

次二、宜派重臣三人，游历欧洲各国及美国、日本，考其宪法之同异得失，何者宜于中国，何者当增，何者当弃。带领通晓英、法、德、日语言文字之随员十余人同往，其人必须有学识，不徒解方言者，并许随时向各国聘请通人以为参赞，以一年差满回国（又此次所派考察宪法之重臣随员，宜并各种法律如行政法、民法、商法、刑法之类皆悉心考究）。

次三、所派之员既归，即当开一立法局于宫中，草定宪法，随时进呈御览。

次四、各国宪法原文及解释宪法之名著，当由立法局译出，颁布天下，使国民咸知其来由，亦得增长学识，以为献替之助。

次五、草稿既成，未即以为定本，先颁之于官报局，令全国士民皆得辨难讨论，或著书，或登新闻纸，或演说，或上书于立法局，逐条析辩，如是者五年或十年，然后损益制定之。定本既颁，则以后非经全国人投票，不得擅行更改宪法。

次六、自下诏定政体之日始，以二十年为实行宪法之期。

本篇乃论宪法之当速立其如何办法，至各国宪法之异同得失及中国宪法之当如何，余亦略有管见。但今兹论之，尚非其时，愿以异日。

（《饮冰室合集，文集之五》，第一册）

论立法权

立法、行法、司法，诸权分立，在欧美日本，既成陈言，妇孺尽解矣。然吾中国立国数千年，于此等政学原理，尚未有发明之者。故今以粗浅平易之文，略诠演之，以期政治思想普及国民。篇中虽间祖述泰西学说，然所论者，大率皆西人不待论而明之理，自稍通此学者观之，殆如辽东之豕，宋人之曝，只觉词费耳。然我四万万同胞中，并此等至粗极浅之义而不解者，殆十而八九焉，吾又安敢避词费而默然也。学者苟因此益求精焉深焉者，则菅蒯之弃，固所愿矣。

第一节　论立法部之不可缺

国家者人格也（有人之资格谓之人格）。凡人必意志然后有行为，无意志而有行为者，必疯疾之人也，否则其梦呓时也。国家之行为何？行政是已。国家之意志何？立法是已。泰西政治之优于中国者不一端，而求其本原，则立法部早发达，实为最著要矣。泰西自上古希腊，即有所谓长者议会（Gerontes），由君主召集贵族，制定法律，颁之于民；又有所谓国民议会（An assetmbly of the Cerltes），凡君主贵族所定法律，必报告于此会，使民各出其意以可否之，然后施行。其后雅典之拔伦，斯巴达之来喀格士，皆以大立法家，为国之桢。罗马亦然，其始有所谓百人会议者（Comlitia Centuriata），以军人组织之，每有大事，皆由其议决；及王统中绝之际，有所谓罗马元老院（The Senate）、罗马平民议会（Concilia Plebis）者，角立对峙，争立法权，久之卒相调和，合为国民评议会（Comitia Tributa），故后虽变为帝政，而罗马法之发达，独称完备，至今日各国宗之。及条顿人与罗马代兴，即有所谓人民总会者（Folkmoot），有所谓贤人会议者（Witenagemot），皆集合人民，而国王监督之，以行立法之事，逐渐进化，遂成为今日之国会，所谓巴力门（Parliament）者是也。十八世纪以来，各国互相仿效，愈臻完密，立法之业，益为政治上第一关键，觇国家之盛衰强弱者，皆于此焉。虽其立法权之附属，及其范围之广狭，各国不同，而要之上自君相，下及国民，皆知此事为立国之大本大原，则一也。

耗矣哀哉，吾中国建国数千年，而立法之业，曾无一人留意者也。《周官》一书，颇有立法之意，岁正悬法象魏，使民读之，虽非制之自民，犹有与民同之之意焉。汉兴萧何制律，虽其书今佚，不知所制者为何如，然即汉制之散见于群书者观之，其为因沿秦旧，无大损益，可断言也。魏明帝时，曾议大集朝臣，审定法制，亦不果行。北周宇文时，苏绰得君，斐然有制度考文之意，而所务惟在皮毛，不切实用。盖自周公迄今三千余年，惟王荆公创设制置条例三司，能别立法于行政，自为一部，实为吾中国立法权现影一瞥之时代。惜其所用非人，而顽固虚侨之徒，又群焉掣其肘，故斯业一坠千年，无复过问者。呜呼！荀卿“有治人无治法”一言，误尽天下，遂使吾中华数千年，国为无法之国，民为无法之民，并立法部而无之，而其权之何属更靡论也；并法而无之，而法之善不善更靡论也。

夫立法者，国家之意志也。就一人论之，昨日之意志与今日之意志，今日之意志与明日之意志，常不能相同。何也？或内界之识想变迁焉，或外界之境遇殊别焉，人之不能以数年前或数十年前之意志以束缚今日，甚明也。惟国亦然。故必须常置立法部，因事势，从民欲，而立制改度，以利国民。各国之有议会也，或年年开之，或间年开之，诚以事势日日不同，故法度亦屡屡修改也。乃吾中国，则今日之法沿明之法也，明之法沿唐宋之法也，唐宋之法沿汉之法也，汉之法沿秦之法也。秦之距今，二千年矣，而法则犹是。是何异三十壮年，而被之以锦绷之服，导之以象勺之舞也。此其敝皆生于无立法部。君相既因循苟且，惮于改措，复见识隘陋，不能远图；民间则不在其位，莫敢代谋。如涂附涂，日复一日，此真中国特有之现象，而腐败之根源所从出也。

彼祖述荀卿之说者曰：但得其人可矣，何必断断于立法。不知一人之时代甚短，而法则甚长；一人之范围甚狭，而法则甚广；恃人而不恃法者，其人亡则其政息焉。法之能立，贤智者固能神明于法以增公益，愚不肖者亦束缚于法以无大尤。靡论吾中国之乏才也，即使多才，而二十余省之地，一切民生国计之政务，非百数十万人不能分任也，安所得百数十万之贤智而熏治之？既无人焉，又无法焉，而欲事之举，安可得也？夫人之将营一室也，犹必先绘其图，估其材，然后从事焉。曾是一国之政，而顾一室之不若乎？近年以来，吾中国变法之议屡兴，而效不睹者，无立法部故也。及今不此之务，吾知更阅数年、数十年，而效之不可睹，仍如故也。今日上一奏，明日下一谕，无识者欢欣鼓舞，以为维新之治可以立见，而不知皆纸上空文，羌无故实。不宁唯是，条理错乱，张脉偾兴，宜存者革，宜革者存，宜急者缓，宜缓者急，未见其利，先受其敝。无他，徒观夫西人政效之美，而不知其所以成其美者，有本原在也。本原维何？日立法部而已。

第二节　论立法行政分权之理

立法、行政分权之事，泰西早已行之，及法儒孟德斯鸠，益阐明其理，确定其范围，各国政治，乃益进化焉。二者之宜分不宜合，其事本甚易明。人之有心魂以司意志，有官肢以司行为，两各有职而不能混者也。彼人格之国家，何独不然。虽然，其利害所存，犹不止此。孟德斯鸠曰："苟欲得善良政治者，必政府中之各部，不越其职然后可。然居其职者往往越职，此亦人之常情，而古今之通弊也。故设官分职，各司其事，必当使互相牵制，不使互相侵越。"又曰："立法、行法二权，若同归于一人，或同归于一部，则国人必不能保其自由权。何则？两权相合，则或借立法之权以设苛法，又借其行法之权以施此苛法，其弊何可胜言！如政府中一部有行法之权者，而欲夺国人财产，乃先赖立法之权，豫定法律，命各人财产，皆可归之政府，再借其行法之权以夺之，则国人虽欲起而与争，亦力不能敌，无可奈何而已。"云云。此孟氏分权说之大概也。

孟氏此论，实能得立政之本原。吾中国之官制，亦最讲牵制防弊之法，然皆同其职而掣肘之，非能厘其职而均平之。如一部而有七堂官，一省而有督、有抚、有两司、有诸道，皆以防侵越、相牵制也。而不知徒相掣肘，相推诿，一事不举，而弊亦卒不可防。西人不然。凡行政之事，每一职必专任一人，授以全权，使尽其才以治其事，功罪悉以属之，夫是谓有责任之政府。若其所以防之者，则以立法、司法两权相为犄角（司法权别论之）。立法部议定之法律，经元首裁可，然后下诸所司之行政官，使率循之。行政官若欲有所兴作，必陈其意见于立法部，得其决议，乃能施行。其有于未定之法而任意恣行者，是谓侵职，侵职罪也；其有于已定之法而奉行不力者，是谓溺职，溺职亦罪也。但使立法之权确定，所立之法善良，则行政官断无可以病国厉民之理，所谓其源洁者其流必澄，何此一一而防之？故两者分权，实为制治最要之原也。

吾中国本并立法之事而无之，则其无分权，更何待言。然古者犹有言："坐而论道，谓之三公，作而行之，谓之有司。"亦似稍知两权之界限者然。汉制有议郎，有博士，专司讨议，但其秩抑末，其权抑微矣。夫所谓分立者，必彼此之权，互相均平，行政者不能强立法者以从我。若宋之制置条例司，虽可谓之有立法部，而未可谓之有立法权也。何也？其立法部不过政府之所设，为行政官之附庸，而分权对峙之态度，一无所存也。唐代之给事中，常有封还诏书之权，其所以对抗于行政官使不得专其威柄者，善矣美矣；然所司者非立法权，仅能摭拾一二小故，救其末流，而不能善其本也。若近世遇有大事，亦常下大学士、六部、九卿、翰詹、科道、督抚、将军会议，然各皆有权，各皆无权，既非立法，亦非行政，名实混淆，不可思议。故今日欲兴新治，非划清立法之权而注重思之，不能为功也。

第三节　论立法权之所属

立法权之不可不分，既闻命矣，然则此权当谁属乎？属于一人乎，属于众人乎，属于吏乎，属于民乎，属于多数乎，属于少数乎？此等问题，当以政治学之理论说明之。

英儒边沁之论政治也，谓当以求国民最多数之最大幸福为正鹄。此论近世之言政学者多宗之。夫立法则政治之本原也，故国民之能得幸福与否，得之者为多数人与否，皆不可不于立法决定之。夫利己者人之性也，故操有立法权者，必务立其有利于己之法，此理势所不能免者也。然则使一人操其权，则所立之法必利一人；使众人操其权，则所立之法必利众人。吏之与民亦然，少数之与多数亦然。此事固非可以公私论善恶也。一人之自利固私，众人之自利亦何尝非私，然而善恶判焉者。循所谓最多数最大幸福之正鹄，则众人之利重于一人，民之利重于吏，多数之利重于少数，昭昭明甚也。夫诽谤偶语者弃市，谋逆者夷三族，此不问而知为专制君主所立之法也；妇人可有七出，一夫可有数妻，此不问而知为男子所立之法也；奴隶不入公民，农佣随田而鬻（俄国旧制如此），此不问而知为贵族所立之法也；信教不许自由，祭司别有权利，此不问而知为教会所立之法也。以今日文明之眼视之，其为恶法，固无待言。虽然，亦不过立法者之自顾其利益而已。若今世所称文明之法，如人民参政权，服官权，言论、结集、出版、迁移、信教各种之自由权等，亦何尝非由立法人自顾其利益而来。而一文一野，判若天渊者，以前者之私利，与政治正鹄相反；而后者之私利，与政治正鹄相合耳。故今日各文明国，皆以立法权属于多数之国民。

然则虽以一二人操立法权，亦岂必无贤君哲相，忘私利而求国民之公益者？曰：期固然也。然论事者语其常不语其变，恃此千载一遇之贤君哲相，其不如民之自恃也明矣。且（记）不云乎：“代大匠斫者必伤其手。”即使有贤君哲相以代民为谋，其必不能如民之自谋之尤周密而详善，有断然也。且立法权属于民，非徒为国民个人之利益而已，而实为国家本体之利益。何则？国也者，积民而成，国民之幸福，即国家之幸福也。国多贫民，必为贫国，国多富民，必为富国，推之百事，莫不皆然。美儒斯达因曰：“国家发达之程度，依于一个人之发达而定者也。”故多数人共谋其私，而大公出焉矣。合多数人私利之法，而公益之法存焉矣。

立法者国家之意志也。昔以国家为君主所私有，则君主之意志，即为国家之意志，其立法权专属于君主固宜。今则政学大明，知国家为一国人之公产矣。且内外时势浸逼浸剧。自今以往，彼一人私有之国家，终不可以立优胜劣败之世界。然则今日而求国家意志之所在，舍国民奚属哉？况以立法权畀国民，其实于君主之尊严，非有所损也。英国、日本，是其明证也。君主依国家而尊严，国家依国民之幸福而得幸福。故今日之君主，不特为公益计，当畀国民以立法权，即为私利计，亦当尔尔也。苟不畀之，而民终必有知此权为彼所应有之一日。及其自知之而自求之，则法王路易第十六之覆辙，可为寒心矣。此欧洲、日本之哲后，所以汲汲焉此之为务也。

（《饮冰室合集·文集之九》，第一册）

三十自述

“风云入世多，日月掷人急。如何一少年，忽忽已三十。”此余今年正月二十六日在日本东海道汽车中所作《三十初度·口占十首》之一也。人海奔走，年光蹉跎，所志所事，百未一就，揽镜据鞍，能无悲惭？擎一既结集其文，复欲为作小传。余谢之曰：“若某之行谊经历，曾何足有记载之一值。若必不获已者，则人之知我，何如我之自知？吾死友谭浏阳曾作《三十自述》，吾毋宁效颦焉。”作《三十自述》。

余乡人也，于赤县神州，有当秦汉之交，屹然独立群雄之表数十年，用其地与其人，称蛮夷大长，留英雄之名誉于历史上之一省。于其省也，有当宋元之交，我黄帝子孙与北狄异种血战不胜，君臣殉国，自沉厓山，留悲愤之记念于历史上之一县，是即余之故乡也。乡名熊（音奶）子，距厓山七里强，当西江入南海交汇之冲。其江口列岛七，而熊子宅其中央，余实中国极南之一岛民也。先世自宋末由福州徙南雄，明末由南雄徙新会，定居焉，数百年栖于山谷。族之伯叔兄弟，且耕且读，不问世事，如桃源中人。顾闻父老口碑所述，吾大王父最富于阴德，力耕所获，一粟一帛，辄以分惠诸族党之无告者，王父讳维清，字镜泉，为郡生员，例选广文，不就。王母黎氏。父名宝瑛，字莲涧，夙教授于乡里。母氏赵。

余生同治癸酉正月二十六日，实太平国亡于金陵后十年，清大学士曾国藩卒后一年，普法战争后三年，而意大利建国罗马之岁也。生一月而王母卒。逮事王父者十九年。王父及见之孙八人，而爱余尤甚。三岁仲弟启勋生，四五岁就王父及母膝下授四子书、诗经，夜则就睡王父榻，日与言古豪杰、哲人嘉言懿行，而尤喜举亡宋、亡明国难之事，津津道之。六岁后，就父读，受中国略史，五经卒业。八岁学为文，九岁能缀千言。十二岁应试学院，补博士弟子员，日治帖括，虽心不慊之，然不知天地间于帖括外，更有何所谓学问也；辄埋头钻研。顾颇喜词章，王父、父母时授以唐人诗，嗜之过于八股。家贫无书可读，惟有《史记》一，《纲鉴易知录》一，王父、父日以课之，故至今《史记》之文，能成诵者八九。父执有爱其慧者，赠以《汉书》一、姚氏《古文辞类纂》一，则大喜，读之卒业焉。父慈而严，督课之外，使之劳作，言语举动稍不谨，辄呵斥不少假借，常训之曰："汝自视如常儿乎？"至今诵此语不敢忘。十三岁始知有段、王训诂之学，大好之，渐有弃帖括之志。十五岁，母赵恭人见背，以四弟之产难也。余方游学省会，而时无轮舶，奔丧归乡，已不获亲含殓，终天之恨，莫此为甚。时肄业于省会之学海堂，堂为嘉庆间前总督阮元所立，以训诂、词章课粤人者也。至是乃决然舍弃帖括以从事于此，不知天地间于训诂、词章之外，更有所谓学问也。己丑，年十七，举于乡，主考李尚书端棻、王镇江仁堪。年十八偕入京师，父以其稚也，与偕行。李公以其妹许字焉。下第归，道上海，从坊间购得《瀛环志略》读之，始知有五大洲各国，且见上海制造局译出西书若干种，心好之，以无力不能购也。

其年秋，始交陈通甫。通甫时亦肄业学海堂，以高才生闻。既而通甫相语曰："吾闻南海康先生上书请变法，不达，新从京师归，吾往谒焉。其学乃为吾与子所未梦及，吾与子今得师矣。"于是乃因通甫修弟子礼，事南海先生。时余以少年科第，且于时流所重之训诂词章学，颇有所知，辄沾沾自喜。先生乃以大海潮音，作狮子吼，取其所挟持之数百年无用旧学更端驳诘，悉举而摧陷廓清之。自辰入见，及戌始退，冷水浇背，当头一棒，一旦尽失其故垒，惘惘然不知所从事，且惊且喜，且怨且艾，且疑且惧，与通甫联床竟夕不能寐。明日再谒，请为学方针，先生乃教以陆王心学，而并及史学、西学之梗概。自是决然舍去旧学，自退出学海堂，而间日请业南海之门。生平知有学自兹始。

辛卯，余年十九，南海先生始讲学于广东省城长兴里之万木草堂。徇通甫与余之请也，先生为讲中国数千年来学术源流，历史政治，沿革得失，取万国以比例推断之，余与诸同学日札记其讲义，一生学问之得力，皆在此年。先生又常为语佛学之精奥博大，余夙根浅薄，不能多所受。先生时方著《公理通》、《大同学》等书，每与通甫商榷，辨析入微，余辄侍末席，有听受，无问难，盖知其美而不能通其故也。先生著《新学伪经考》，从事校勘；著《孔子改制考》，从事分纂。日课则宋元明儒学案、二十四史、《文献通考》等，而草堂颇有藏书，得恣涉猎，学稍进矣。其年始交康幼博。十月，入京师，结婚李氏。明年壬辰，年二十，王父弃养。自是学于草堂者凡三年。

甲午，年二十二，客京师，于京国所谓名士者多所往还。六月，日本战事起，惋愤时局，时有所吐露，人微言轻，莫之闻也。顾益读译书，治算学、地理、历史等。明年乙未，和议成，代表广东公车百九十人，上书陈时局。既而南海先生联公车三千人，上书请变法，余亦从其后奔走焉。其年七月，京师强学会开，发起之者，为南海先生，赞之者为陈炽、沈曾植、张孝谦、袁世凯等。余被委为会中书记员。不三月，为言官所劾，会封禁。而余居会所数月，会中于译出西书购置颇备，得以余日尽浏览之，尔后益斐然有述作之志。其年始交谭复生、杨叔峤、吴季清、铁樵、子发父子。

京师之开强学会也，上海亦踵起。京师会禁，上海会亦废。而黄公度倡议续其余绪，开一报馆，以书见招。三月去京师，至上海，始交公度。七月《时务报》开，余专任撰述之役，报馆生涯自兹始，著《变法通议》、《西学书目表》等。其冬，公度简出使德国大臣，奏请偕行，会公度使事辍，不果；出使美、日、秘大臣伍廷芳，复奏派为参赞，力辞之；伍固请，许以来年往，既而终辞，专任报事。丁酉四月，直隶总督王文韶，湖广总督张之洞，大理寺卿盛宣怀，连衔奏保，有旨交铁路大臣差遣，余不之知也。既而以札来，粘奏折上谕焉，以不愿被人差遣辞之。张之洞屡招邀，欲致之幕府，固辞。时谭复生宦隐金陵，间月至上海，相过从，连舆接席。复生著《仁学》，每成一篇，辄相商榷，相与治佛学，复生所以砥砺之者良厚。十月，湖南陈中丞宝箴，江督学标，聘主湖南时务学堂讲席，就之。时公度官湖南按察使，复生亦归湘助乡治，湘中同志称极盛。未几，德国割据胶州湾事起，瓜分之忧，震动全国，而湖南始创南学会，将以为地方自治之基础，余颇有所赞画。而时务学堂于精神教育，亦三致意焉。其年始交刘裴邨、林暾谷、唐绂丞，及时务学堂诸生李虎村、林述唐、田均一、蔡树珊等。

明年戊戌，年二十六。春，大病几死，出就医上海。既痊，乃入京师。南海先生方开保国会，余多所赞画奔走；四月，以徐侍郎致靖之荐，总理衙门再荐，被召见，命办大学堂译书局事务。日寸朝廷锐意变法，百度更新，南海先生深受主知，言听谏行；复生、暾谷、叔峤、裴邨，以京卿参预新政，余亦从诸君子之后，黾勉尽瘁。八月政变，六君子为国流血，南海以英人仗义出险，余遂乘日本大岛兵舰而东。去国以来，忽忽四年矣。

戊戌九月至日本，十月，与横滨商界诸同志谋设《清议报》。自此居日本东京者一年，稍能读东文，思想为之一变。己亥七月，复与滨人共设高等大同学堂于东京，以为内地留学生预备科之用，即今之清华学校是也。其年，美洲商界同志始有中国维新会之设，由南海先生所鼓舞也。冬间，美洲人招往游，应之。以十一月首途，道出夏威夷；其地华商二万余人，相絷留，因暂住焉，创夏威夷维新会。适以治疫故，航路不通，遂居夏威夷半年。至庚子六月，方欲入美，而义和团变已大起，内地消息，风声鹤唳，一日百变。已而屡得内地函电，促归国，遂回马首而西；比及日本，已闻北京失守之报。七月急归沪，方思有所效，抵沪之翌日，而汉口难作，唐、林、李、黎、傅诸烈，先后就义，公私皆不获有所救。留沪十日，遂去，适香港。既而渡南洋，谒南海。遂道印度，游澳洲，应彼中维新会之招也。居澳半年，由西而东，环洲历一周而还。辛丑四月，复至日本。

尔来蛰居东国，忽又岁余矣。所志所事，百不一就，惟日日为文字之奴隶，空言喋喋，无补时艰，平旦自思，只有惭悚。顾自审我之才力，及我今日之地位，舍此更无术可以尽国民责任于万一，兹事虽小，亦安得已；一年以来，颇竭棉薄，欲草一中国通史，以助爱国思想之发达，然荏苒日月，至今尤未能成十之二；惟于今春为《新民丛报》，冬间复创刊《新小说》，述其所学所怀抱者，以质于当世达人志士，冀以为中国国民遒铎之一助。呜呼，国家多难，岁月如流，眇眇之身，力小任重。吾友韩孔广诗云："舌下无英雄，笔底无奇士。"呜呼，笔舌生涯，已催我中年矣。此后所以报国民之恩者，未知何如，每一念及，未尝不惊心动魄，抑塞而谁语也。

孔子纪元二千四百五十三年壬寅十一月，任公自述。

（《饮冰室合集·文集之十一》，第二册）

政闻社宣言书

今日之中国，殆哉岌岌乎！政府棼瞀于上，列强束胁于外，国民怨讟于下，如半空之木，复被之霜雪，如久病之夫，益中以渗疠，举国相视，成儳然若不可终日。志行薄弱者，袖手待尽，脑识单简者，铤而走险，自余一二热诚沉毅之士，亦彷徨歧路，莫审所适。问中国当由何道而可以必免于亡，遍国中几罔知所以为对也。夫此问题亦何难解决之与有。今日之恶果，皆政府艺之，改造政府，则恶根拔而恶果遂取次以消除矣。虽然，于此而第二之问题生焉，则政府当由何道而能改造是也。曰：斯则在国民也已矣。夫既曰改造政府，则现政府之不能自改造也甚明。何也？方将以现政府为被改造之客体，则不能同时认之为能改造之主体；使彼而可以为能改造之主体，则亦无复改造之必要焉矣。然则孰能改造之？曰：惟立于现政府之外者能改造之。立于现政府之外者为谁？其一曰君主，其他曰国民。而当其着手于改造事业，此两方面孰为有力，此不可不深察也。今之谈政治者，类无不知改造政府之为急，然叩其改造下手之次第，则率皆欲假途于君主，而不知任责于国民。于是乎有一派之心理焉，希望君主幡然改图，与民更始，以大英断取现政府而改造之者；或希一二有力之大吏，启沃君主，取现政府而改造之者。此二说者，虽有直接间接之异，而其究竟责望于君主则同。吾以为特此心理者，其于改造政府之精神，抑先已大剌缪也。何也？改造政府者，亦曰改无责任之政府为有责任之政府云尔。所谓有责任之政府者，非以其对君主负责任言之，乃以其对国民负责任言之。苟以对君主负责任而即为有责任，则我中国自有史以来以迄今日，其政府固无时不对君主而负责任，而安用复改造为？夫谓为君主者，必愿得恶政府而不愿得良政府，天下决无是人情。然则今之君主，其热望得良政府之心，应亦与吾侪不甚相远。然而不能得者，则以无论何国之政府，非日有人焉监督于其旁者，则不能以进于良。而对君主负责任之政府，其监督之者惟有一君主，君主之监督万不能周，则政府惟有日逃责任以自固。非惟逃之而已，又且卸责任于君主，使君主代己受过，而因以自谢于国民。政府腐败之总根源，实起于是。故立宪政治，必以君主无责任为原则；君主纯超然于政府之外，然后政府乃无复可逃责任之余地。今方将改造政府，而还以此事责诸君主，是先与此原则相冲突，而结果必无可望。然则此种心理不能实现也明甚。同时复有一派反对之心理焉，谓现在政府之腐败，实由现在之君主卵翼之，欲改造政府，必以颠覆君统为之前驱。而此派中复分两小派：其一则绝对的不承认有君主，谓必为共和国体，然后良政府可以发生；其他则以民族问题搀入其间，谓在现君主统治之下，决无术以得良政府。此说与希望君主之改造政府者，虽若为正反对，要之认政府之能改造与否，枢机全系于君主，则其谬见亦正与彼同。夫绝对不认君主，谓必为共和国体然后良政府可以发生者，以英、德、日本之现状反诘之，则其说且立破，故不必复深辩。至搀入民族问题，而谓在现君主统治之下，必无术以得良政府者，则不可无一言以解之。夫为君主者，必无欲得恶政府而不愿得良政府之理，此为人之恒情，吾固言之矣，此恒情不以同族异族之故而生差别也。

今之君主，谓其欲保持皇位于永久，吾固信之；谓其必坐视人民之涂炭以为快，虽重有憾者，固不能以此相诬也。夫正以欲保持皇位之故，而得良政府即为保持皇位之不二法门，吾是以益信其急欲得良政府之心，不让于吾辈也。而惜也，彼方苦于不识所以得良政府之途。夫政府之能良者，必其为国民的政府者也。质言之，则于政治上减杀君权之一部分而以公诸民也。于政治上减杀君权之一部分而以公诸民，为君主计，实有百利而无一害，此征诸欧、美、日本历史，确然可为保证者矣。然人情狃于所习，而骇于所未经，故久惯专制之君主，骤闻此义，辄惶然谓将大不利于己，沉吟焉而忍不能与，必待人民汹汹要挟，不应之则皇位且不能保，夫然后乃肯降心相就。降心相就以后，见夫缘是所得之幸福，乃反逾于其前，还想前此之出全力以相抵抗，度未有不哑然失笑。盖先见之难彻，而当局之易迷，大抵如是也。故遍翻各国历史，未闻无国民的运动，而国民的政府能成立者；亦未闻有国民的运动，而国民的政府终不能成立者；斯其枢机全不在君主而在国民。其始也必有迷见，其究也，此迷见终不能久持，此盖凡过渡时代之君主所同然，亦不以同族异族之故而生差别也。而彼持此派心理者，徒着眼于民族问题，而置政治问题为后图，种瓜得瓜，种豆得豆，毋惑夫汹汹数载，而政治现象迄无寸进也。由后之说，同君主苟非当国民运动极盛之际，断未有肯毅然改造政府者，夫故不必以此业责望于君主。由前之说，则虽君主毅然欲改造政府，然必有待于国民，然后改造之实乃可期，夫故不能以此业责望于君主。夫既已知舍改造政府外，别无救国之图矣，又知政府之万不能自改造矣，又知改造之业非可以责望于君主矣，然则负荷此艰巨者，非国民而谁！吾党同人，既为国民一分子，责任所在，不敢不勉，而更愿凡为国民之一分子者，咸认此责任而共勉焉。此政闻社之所以发生也。

西哲有言：国民恒立于其所欲立之地位。诚哉斯言！凡腐败不进步之政治，所以能久存于国中者，必其国民甘于腐败不进步之政治，而以自即安者也。人莫不知立宪之国，其政府皆从民意以为政。吾以为虽专制之国，其政府亦从民意以为政也。闻者其将疑吾言焉，曰：天下宁有乐专制之国民？夫以常理论，则天下决无乐专制之国民，此固吾之所能信也。虽然。既已不乐之，则当以种种方式，表示其不乐之意思，苟无意思之表示，则在法谓之默认矣。凡专制政治之所以得行，必其借国民默认之力以为后援者也。苟其国民，对于专制政治，有一部分焉为反对之意思表示者，则专制之基必动摇；有大多数焉为反对之意思表示者，则专制之迹必永绝。此征诸欧、美、日本历史，历历而不爽者也。前此我中国国民，于专制政体之外，曾不知复有他种政体，则其反对之之意思无自而生，不足为异也。比年以来，立宪之论，洋洋盈耳矣，预备立宪之一名词，且见诸诏书矣，稍有世界知识者，宜无不知专制政体不适于今日国家之生存。顾在君主方面，犹且有欲立宪的之意思表示，虽其诚伪未敢言，然固已现于正式公文矣。还观夫国民方面，其反对专制的之意思表示，则阒乎未之或闻，是何异默认专制政体为犹适用于今日之中国也。国民既默认之，则政府借此默认之后援以维持之，亦何足怪！以吾平心论之，谓国民绝无反对专制之意思者，诬国民也；谓其虽有此意思而绝不欲表示绝不敢表示者，亦诬国民也。一部分之国民，盖诚有些意思矣，且诚欲表示之矣，而苦于无可以正式表示之途。或私忧窃叹，对于二三同志互吐其胸臆；或于报纸上，以个人之资格发为言论。谓其非一种之意思表示焉，不得也，然表示之也以个人，不能代舆论而认其价值；表示之也以空论，未尝示决心以期其实行。此种方式之表示，虽谓其未尝表示焉可也。然则正式之表示当若何？曰：必当有团体焉，以为表示之机关。夫国体之为物，恒以其团体员合成之意思为意思，此通义也。故其团体员苟占国民之一小部分者，则其团体所表示之意思，即为此一小部分国民所表示之意思；其团体员苟占国民之大多数者，则其团体所表示之意思，即为大多数国民所表示之意思。夫如是则所谓国民意思者，乃有具体的之可寻而现于实矣。国民意思即现于实，则必非漫然表示之而已，必且求其贯彻焉。国民诚能表示其反对专制之意思，而且必欲贯彻之，则专制政府前此所恃默认之后援，既已失据，于此而犹欲宝其敝帚以抗此新潮，其道无由。所谓国民恒立于其所欲立之地位者，此之谓也。吾党同人，诚有反对专制政体之意思，而必欲为正式的表示，而又信我国民中，其同有此意思同欲为正式的表示者，大不乏人。彼此皆徒以无表示之机关，而形迹几等于默认。夫本反对而成为默认，本欲为立宪政治之忠仆，而反变为专制政治之后援，是自污也。夫自污则安可忍也？此又政闻社之所由发生也。

夫所谓改造政府，所谓反对专制，申言之，则不外求立宪政治之成立而已。立宪政治非他，即国民政治之谓也。欲国民政治之现于实，且常保持之而勿失坠，善运用之而日向荣，则其原动力不可不还求诸国民之自身。其第一着，当使国民勿漠视政治，而常引为己任；其第二着，当使国民对于政治之适否，而有判断之常识；其第三着，当使国民具足政治上之能力，常能自起而当其冲。夫国民必备此三种资格，然后立宪政治乃能化成；又必先建议立宪政治，然后国民此三种资格乃能进步。谓国民程度不足，坐待其足然后立宪者妄也；但高谈立宪，而于国民程度不一厝意者，亦妄也。故各国无论在预备立宪时，在实行立宪后，莫不汲汲焉务所以进其国民程度而助长之者。然此事业谁任之？则惟政治团体用力常最勤，而收效常最捷也。政治团体，非得国民多数之赞同，则不能有力。而国民苟漠视政治，如秦越人之相视肥瘠，一委诸政府而莫或过问，则加入政治团体者自寡，团体势力永不发达，而其对于国家之天职将无术以克践。故为政治团体者，必常举人民对国家之权利义务，政治与人民之关系，不惮哓音瘏口为国民告，务唤起一般国民政治上之热心，而增长其政治上之兴味。夫如是，则吾前所举第一着之目的，于兹达矣。复次，政治团体之起，必有其所自信之主义，谓此主义确有裨于国利民福而欲实行之也，而凡反对此主义之政治，则排斥之也。故凡为政治团体者，既有政友，同时亦必有政敌。友也敌也，皆非徇个人之感情，而惟以主义相竞胜。其竞胜也，又非以武力，而惟求同情。虽有良主义于此，必多数国民能知其良，则表同情者乃多；苟多数国民不能知其良，则表同情者必寡。故为政治团体者，常务设种种方法，增进一般国民政治上之知识，而赋予以正当之判断力。夫如是，则吾前所举第二着之目的，于兹达矣。复次，政治团体所抱持之主义，必非徒空言而已，必将求其实行。其实行也，或直接而自起以当政局，或间接而与当局者提携。顾无论如何，而行之也必赖人才，苟国民无多数之政才以供此需要，则其事业或将蹶于半途，而反使人致疑于其主义。故为政治团体者，常从种种方面，以训练国民，务养成其政治上之能力，毋使贻反对者以口实。夫如是，则吾所举第三着之目的，于兹达矣。准此以谈，则政治团体，诚增进国民程度唯一之导师哉！我中国国民，久栖息于专制政治之下，倚赖政府，几成为第二之天性，故视政治之良否，以为非我所宜过问。其政治上之学识，以孤陋寡闻而鲜能理解；其政治上之天才，以久置不用而失其本能。故政府方言预备立宪，而多数之国民或反不知立宪为何物。政府玩愒濡滞，既已万不能应世界之变，保国家之荣，而国民之玩偈濡滞，视政府犹若有加焉。于此之时，苟非相与鞭策焉、提挈焉，急起直追，月将日就，则内之何以能对于政府而申民义，外之何以能对于世界而张国权也？则政治团体之责也。此又政闻社之所由发生也。

政闻社既以上述种种理由，应于今日时势之要求，而不得不发生。若夫政闻社所持之主义，欲以求同情于天下者，则有四纲焉：

一曰实行国会制度，建设责任政府。

吾固言之矣，凡政府之能良者，必其为国民的政府者也。曷为谓之国民的政府？既对于国民而负责任之政府是也。国民则夥矣，政府安能一一对之而负责任？曰：对于国民所选举之国会而负责任，是即对于国民而负责任也。故无国会之国，则责任政府终古不成立；责任政府不成立，则政体终古不脱于专制。今者朝廷鉴宇内之势，知立宪之万不容已，亦既涣汗大号，表示其意思以告吾民。然横览天下，从未闻有无国会之立宪国，故吾党所主张，惟在速开国会，以证明立宪之诏，非为具文。吾党主张立宪政体，同时主张君主国体。然察现今中央政治机关之组织，与世界一般立宪君主国所采用之原则，正相反背。彼则君主无责任，而政府大臣代负其责任。君主代政府负责任之结果，一方面使政府有所诿卸，而政治未从改良；一方面使君主丛怨于人民，而国本将生摇动。故必崇君主于政府以外，然后明定政府之责任，使对于国会而功过皆自受之，此根本主义也。

二曰厘订法律，巩固司法权之独立。

国家之目的，一方面谋国家自身之发达，一方面谋国中人民之安宁幸福。而人民之安宁幸福，又为国家发达之源泉，故最当首注意焉。人民公权私权，有一见摧抑，则民日以瘁，而国亦随之。然欲保人民权利罔俾侵犯，则其一，须有完备之法律，规定焉以为保障；其二，须有独立之裁判官厅，得守法而无所瞻徇。今中国法律，大率沿千年之旧，与现在社会情态，强半不相应，又规定简略，惟恃判例以为补助，夥如牛毛，棼如乱丝，吏民莫知所适从。重以行政、司法两权，以一机关行之，从事折狱者，往往为他力所左右，为安固其地位起见，而执法力乃不克强。坐是之故，人民生命财产，常厝于不安之地，举国傀然若不可终日，社会上种种现象，缘此而沮其发荣滋长之机。其影响所及，更使外人不措信于我国家，设领事裁判权于我领土，而内治之困难，益加甚焉。故吾党以厘订法律，巩固司法权之独立，为次于国会制度最要之政纲也。

三曰确立地方自治，正中央地方之权限。

地方团体自治者，国家一种之政治机关也。就一方面观之，省中央政府之干涉及其负担，使就近而自为谋，其谋也必视中央代谋者为易周，此其利益之及于地方团体自身者也。就他方面观之，使人民在小团体中为政治之练习，能唤起其对于政治之兴味，而养成其行于政治上之良习惯，此其利益之及于国家者，盖益深且大。世界诸立宪国，恒以地方自治为基础，即前此久经专制之俄罗斯，其自治制亦早已颁布，诚有由也。我国幅员辽廓，在世界诸立宪国中，未见其比，而国家之基础，又非以联邦而成，在低级之地方团体，其施政之范围，虽与他国之地方团体不相远，在高级之地方团体，其施政之范围，殆埒他国之国家。故我国今日，颁完备适当之地方自治制度，且正中央与地方之权限，实为最困难而最切要之问题。今地方自治之一语，举国中几于耳熟能详，而政府泄泄沓沓，无何种之设施，国民亦袖手坐待，而罔或自起而谋之。此吾党所以不能不自有所主张而期其贯彻也。

四曰慎重外交，保持对等权利。

外交者，一部之行政也，其枢机全绾于中央政府。但使责任政府成立，则外交之进步，自有可期。准此以谈，似与前三纲有主从轻重之别，不必相提并论。顾吾党所以特郑重而揭橥之者，则以今日之中国，为外界势力所压迫，几不能以图存，苟外交上复重以失败，恐更无复容我行前此三纲之余地。故吾党所主张者，国会既开之后，政府关于外交政策、必咨民意然后行，即在国会未开以前，凡关于铁路、矿务、外债，与夫与他国结秘密条约、普通条约等事件，国民常当不怠于监督，常以政治团体之资格，表示其不肯放任政府之意思，庶政府有所羁束，毋俾国权尽坠，无可回复。此亦吾党所欲与国民共荷之天职也。

以上所举，虽寥寥四纲，窃谓中国前途之安危存亡，盖系于是矣。若夫对于军事上，对于财政上，对于教育上，对于国民经济上，吾党盖亦皆薄有所主张焉，然此皆国会开设后责任政府成立后之问题。在现政府之下，一切无所着手，言之犹空言也，故急其所急，外此暂勿及也。

问者曰：政闻社其即今世立宪国之所谓政党乎？曰：是固所愿望，而今则未敢云也。凡一政党之立，必举国中贤才之同主义者，尽网罗而结合之，夫然后能行政党之实，而可以不辱政党之名。今政闻社以区区少数之人，经始以相结集，国中先达之彦，后起之秀，其怀抱政治的热心，而富于政治上之知识与能力者，尚多未与闻，何足以称政党。特以政治团体之为物，既为应于今日中国时势之必要而不得不发生，早发生一日，则国家早受一日之利；若必俟国中贤才悉集于一堂，然后共谋之，恐更阅数年，而发生未有其期。况以中国之大，贤才之众，彼此怀抱同一之主义而未或相知者，比比皆是，莫为之先，恐终无能集于一堂之日也。本社同人，诚自审无似，顾以国民一分子之资格，对于国家应尽之天职，不敢有所放弃。且既平昔共怀反对专制政治之意思，苟非举此意思而表示之，将自侪于默认之列，而反为专制游魂之后援。抑以预备立宪之一名词，既出于主权者之口，而"国民程度"说，尚为无责任之政府所借口，思假此以沮其进行，则与国民相提挈以一雪此言，其事更刻不容缓。以此诸理由，故虽以区区少数，奋起而相结集，不敢辞也。日本改进党之将兴也，于是先有东洋议政会焉，有嚶鸣社焉，以为之驱除。世之爱国君子，其有认政闻社所持之主义为不谬于国利民福，认政闻社所执之方法为足以使其主义见诸实行，惠然不弃，加入政闻社而指挥训练之，使其于最近之将来，而有可以进而伍于政党之资格，则政闻社之光荣，何以加之！又或与政闻社先后发生之政治团体，苟认政闻社所持之主义与其主义无甚刺谬，认政闻社所执之方法与其方法无甚异同，惠然不弃，与政闻社相提携，以向于共同之敌，能于最近之将来，共糅合以混成政党之资格，则政闻社之光荣，又何以加之！夫使政闻社在将来中国政党史上，得与日本之东洋议政会、嚶鸣社有同一之位置，同一之价值，则岂特政闻社之荣，抑亦中国之福也。此则本社同人所为沥心血而欲乞赉此荣于我同胞者也。

问者曰：政闻社虽未足称政党，而固俨然为一政治团体，则亦政党之椎轮也。中国旧史之谬见，以结党为大戒，时主且悬为厉禁焉，以政闻社置诸国中，其安从生存？政府摧萌拉蘖，一举手之劳耳。且国中贤才，虽与政闻社有同一之政见者，其毋亦有所惮而不敢公然表同情也！应之曰：不然。政闻社所执之方法，常以秩序的行动，为正当之要求。其对于皇室，绝无干犯尊严之心；其对于国家，绝无扰紊治安之举。此今世立宪国国民所常履之迹，匪有异也。今立宪之明诏既屡降，而集会、结社之自由，则各国所成认为国民公权，而规定之于宪法中者也，岂其倏忽反汗，对于政治团体而能仇之。若政府官吏不奉诏，悍然敢为此种反背立宪之行为，则非惟对于国民而不负责任，抑先已对于君主而不负责任。若兹之政府，更岂能一日容其存在以殃国家！是则政闻社之发生，愈不容已，而吾党虽洞胸绝脱，而不敢息肩者也。取鉴岂在远，彼日本自由、进步两党，与藩阀政府相持之历史，盖示我以周行矣，彼其最后之胜利，毕竟谁属也？若夫世之所谓贤才者，而犹有怵于此乎，则毋亦以消极的表示其默认专制政体之意思，而甘为之后援耳。信如是也，则政府永不能改造，专制永不能废止，立宪永不能实行，而中国真从兹已矣！呜呼，国民恒立于其所欲立之地位，我国民可无深念耶！可无深念耶！

（《饮冰室合集·文集之二十》，第三册）

政治思想之转变

顷有自署和事人者，颇以近日《新民丛报》主义相诘责，兹录而答之。

阅《新民丛报》三十八、九号，得读大作，知从美洲回来，宗旨顿改，标明保王，力辟革命，且声言当与异己者宣战。吾知足下素来强辩，未易与言，但欲不言而仍不能止者，正以于心有所不安耳。（中略）足下力辟革命，亦自成其说，吾不能与之深辩，但试问命则不能革，而王则可以保乎？大抵保王与革命，两党之手段不同，其目的未尝有异也。今日新学中人，由革命而生出排满，蓬蓬勃勃，一发而不可制，推原其始，亦由救国来也。痛宗国之沦丧，而在上者仍不振，于是思所以革命；革命之说一起，而思满人平日待我之寡恩，而排满之念又起焉。事本相因而又相成。何者？一朝起事，势必有谓为无父无君之邪说，以摇惑人心，中立者必将解体，盖排满所以补革命之不足也。

故排满有二义：以民族主义感动上流社会，以复仇主义感动下流社会。庶使旧政府解散，而新政府易于建立也。而足下力辟其非，天下之人，将尽信其非矣，于足下有济乎，抑无济乎？古来英雄办事，未有强人使与己意相同，更无有剔人之非而成己之名也。况两党之人，互相水火，互相唾骂，互相攻讦，则旧人得所借口，而天下大事何日能成乎？

今日者祸机愈迫矣，瓜分荐至矣，命固不能革，而王亦不能保矣。他日白人主我中原，制我死命，两党人合力而思挽回之术，亦不可得矣。必有彷徨瞻顾，痛哭流泪，归咎于今日兴讼者，悔之无及矣。子其思之，忍以天下为儿戏耶？

答曰：和事人不知其为何许人，读其言，则必为一热诚爱国之士，无可疑也。其所谓命则不能革，而王亦非易保，此诚今日我四万万人最盘根错节之大问题也。此问题甚长，非此短篇所能毕其词，愿以异日。至其末节所云云，谓强人使与己意相同，谓剔人之非以成己之名，此实非鄙人所敢受也。

凡言论者，发表一己之意见者也。言者与听者，各有其自由，断未有能强之使与己同者，吾尝论中国人之性质，最易为一议论所转移，有百犬吠声之观，有水母目虾之性，虽其所论如何高尚，如何磅礴，而所谓奴隶之本质终不免。吾方以是为一大缺点而深疚之，而岂有强人使与己意相同之理？至其谓剔人之非，是固然也。顾所剔者不特人之非也，即我之非，亦岂敢隐？夫鄙人之与破坏主义，其非无丝毫之关系，当亦天下所同认矣。然则吾岂与异己者为敌哉？至谓以成己之名，则更失之远矣。反抗于舆论之最高潮，其必受多数之唾骂，此真意中事；使鄙人而好名也，则更安肯出此？吾向年鼓吹破坏主义，而师友多谓为好名，今者反对破坏主义，而论者或又谓为好名，顾吾行吾心之所安而已。吾生性之长短，吾最自知之，吾亦与天下人共见之。要之，鄙人之言其心中之所怀抱而不能一毫有所自隐蔽（非直不欲，实不能也），此则其一贯者也。辛壬之间，师友所以督责之者甚至，而吾终不能改；及一旦霍然自见其非，虽欲自无言焉，亦不可得。吾亦不知其何以如是也。故自认为真理者，则舍己以从，自认为谬误者，则不远而复，如恶恶臭，如好好色，此吾生之所长也。若其见理不定，屡变屡迁，此吾生之所最短也。南海先生十年前，即以"流质"相戒，诸畏友中，亦频以为规焉，此性质实为吾生进德修业之大魔障。吾之所以不能抗希古人，弊皆坐是，此绝不敢自讳，且日思自克而竟无一进者。生平遗憾，莫此为甚。若云好名，则鄙人自信，此关尚看得破也。至立信者必思以其言易天下，不然，则言之奚为者？故鄙人每一意见，辄欲淋漓尽致以发挥之，使无余蕴，则亦受性然也，以是为对于社会一责任而已。

至云两党之人，互相水火，互相唾骂，互相攻讦云云，此诚最可痛心之事。若鄙人之尚知自重而不肯蹈此恶习，此亦当为一国所共谅者。试观去年春夏间，报界之所以相诬攻者若何，吾党曾一置辩否？又如香港某报，每一日照例必有相攻之文一篇，认列强为第三敌，认满政府为第二敌，认民间异己之党派为第一敌，其所以相唾骂、相攻讦者，亦云至矣。

夫使以笔墨挑战也，则吾辈亦何患无辞？试观鄙人及我亲友，曾为一应敌之师否？非直不屑为，亦以义固不可也。且如顷者章、邹最后之供词，各报馆之啧有言者亦众矣，而本报并其原语亦不肯录入，诚以敬其初志也。吾谓“和事人”以此相虑，则可虑者其必不在吾辈矣。若夫吾发表吾现在之所信而不能自已，则吾既言之矣，吾今后更将大有所发表焉，然此非唾骂之谓也，非攻讦之谓也。吾所谓与舆论挑战者，自今以往，有以主义相辩难者，苟持之有故，言之成理，吾乐相与赏之析之；若夫轧轹谩骂之言，吾固断不以加诸人，其有加诸我者，亦直受之而已。寄语和事人，可无虑此，抑吾亦欲遍国中志士，皆率和事人之教也。至吾之所以不能已于言者，则本报前号中鄙著《论俄罗斯虚无党》、《答飞生》两篇，亦可略见其用意之所存，毋亦如和事人所谓欲两党合力以思挽回之术云尔。愿和事人平心静气一省览焉，而更有以辱教，固所望也。匆匆不具。

（《饮冰室合集·文集之十一》，第二册）

虚君共和政体与民主共和政体之问题

今后新中国之当采用共和政体，殆已成为多数之舆论。顾等是共和政体也，其种类复千差万别，我国将保所适从，是当胪察其利害，而慎所择也。

第一种，人民公举大统领而大统领掌行政实权之共和政体。此共和政体之最显著者，美国是也。中美、南美诸共和国皆属此种。

第二种，国会公举大统领而大统领无责任之共和政体。法国是也。法国大统领，由上下两议院公举，与美国之由人民选举者殊。而其地位亦与美统领绝异，乃略同英之君主，不负政治上之责任，政权悉在内阁。故美国选举大统领，竞争极剧；法国易一大统领，远不如内阁更迭之耸人耳目也。

第三种，人民选举终身大统领之共和政体。罗马奥古斯丁时代、法国两拿破仑时代曾行之。此皆僭帝之阶梯，非共和之正轨，现世已无其例。然墨西哥当爹亚士时代，连任二十余年，亦几于终身矣。凡行此制者，名虽共和，实则最剧之专制也。

第四种，不置首长之共和政体。如瑞士联邦是。瑞士之元首，乃合议机关，非独裁机关也。瑞士之最高机关为参议院，议员七人，互选一人为议长，对外则以议长之名行之，然议长与其他六人职权实平等也。

第五种，虚戴君主之共和政体。英国是也。英人恒自称为大不列颠合众王国（Great Brifistl Uflited Kirlgdom），或自称为共和王国（Publickirlgdom）。其名称与美无异，浅人骤闻之，或且讶为不词。不知英之有王，不过以为装饰品，无丝毫实权，号为神圣，等于偶像。故论政体者，恒以英编入共和之一种。其后比利时本此意编为成文宪法，欧洲各小邦多效之。故今日欧洲各国，什九皆属虚戴君主之共和政体也，今省名曰虚君共和制。

第六种，虚戴名誉长官之共和政体。英属之自治殖民地，如加拿大，如澳洲，如南非洲，皆是也。此等名虽藩属，实自为一国，而英廷所置总督，地位正同英王。故国法学者统目为共和政体也。

右六种共和政体中，我国人所最熟知者，则美法两国之式；其尤想望者，则美国式也。实则六者各有所长，而后进国择所仿效，要当以适于己国情形为断。就中第六种，不行于完全之独立国，我国除非采联邦制，以施诸各邦（即今之各省），容有商榷之余地耳，今勿具论。请得取前五种比较其利病：

第一，人民选举终身大统领之共和政体何如？

此共和政体之最可厌恶者也。何以故？以他种皆为共和立宪政体，独此种为共和专制政体故。谓此种政体可采，度国民必唾吾面。虽然，西哲有恒言："政治无绝对之美，不能谓立宪之必为美，而专制之必为恶也。"凡行此种政体之国，其被举为终身大统领者，必为雄才大略之怪杰，内之则实行开明专制以整齐其民，外之则扬国威于四海。苟中国今日而有其人，则正最适应于时势之要求者也。虽然，此其人固可遇而不可求。苟其有之，则彼自能取之，无劳我辈之商榷，故可置勿论也。又此种政体最后之结果，必变为君主专制政体。

果复为因，因复生果，必酿第二次革命。墨之爹亚士，其近证之最切著者也。故吾国若有此人，固足以救时；竟无此人，亦国家之福也。或曰：欲防选举大统领纷争之弊，任举一中材为终身大统领，使之如法国制不负责任，似亦一法。答之曰：此殆不可行。一国元首，恒情所同歆也。世袭君主，视为固然，故虽童呆，或不为怪；既属公举，而使庸才终身在人上，势所不克致也。

第二，不置首长之共和政体何如？

此惟极小国若瑞士者，乃能行之而无弊。瑞士一切中央机关，权力皆甚微弱，稍重大之法案，国会辄不敢擅决，以付诸国民投票，不独执行机关为然也。彼为永世中立国，绝无外患，内之则地狭民寡，而自治之习甚完，无取夫有强大之政府也。我国今日，非得一极强有力之中央政府，何以为国？而以合议机关充一国元首，则于强有力之道，最相反者也，其不足采，盖无俟辩。

第三，人民公举大统领而大统领掌行政实权之共和政体何如？

此北美合众国排英独立后，根据孟德斯鸠三权鼎立说所创之新政体，我国民所最艳羡也。而常人所知之共和政体，大都亦仅在此一种。虽然，此可谓诸种共和政体中之最拙劣者，只可以行诸联邦国，而万不能行诸单一国；惟美国人能运用之，而他国人决不能运用。我国而贸然欲效之，非惟不能致治，而必至于酿乱。请言其理：

其一，凡立宪国，于元首之下，必别置行政府，对于立法府而负责任，两府相节相济，而治以康。独美国不然。彼固有行政府之国务大臣也，然惟对于大统领负僚属之责任，未尝对于议会而负责任，盖其系统各不相蒙也。然则为行政首长之大统领，亦对于议会负责任乎？曰：否否。议会由人民选举，大统领由人民选举，所自受者同，不得而相凌也。故美国政府，实无责任之政府，而与欧洲立宪国所谓责任内阁之大义正相反对者也。然则彼曷为而不流于专制耶？美国政府联邦之国也，政权之大部分，为各州政府所保留，其割爱以献诸中央政府者，实至微末耳。而即此微末之政权，其立法权之全部在两议院，行政府并提案权与不裁可权而两皆无之也。所余行政权之重要部分，上院犹得掣肘之。故美国行政府实权限至狭、权力至脆之行政府也。我国而欲效彼耶？则亦必如彼之广赋政权于联邦，严画界限于两院，使政府无多地足供回旋，庶几可以寡弊。而试问此种政府，果适于今之中国否耶？今卢斯福辈日日号呼于众者，即欲革此制度，而别建一强有力之政府，盖深知非是无以竞于外也。我熟睹其覆辙，宁容蹈之？

其二，然则即用此制，而赋予大统领以广大之权限何如？曰：固可也，然势则必返于专制，此征诸中美、南美诸国而最可见也。彼诸国皆袭取美国之成文宪法以建国者也，顾名则民主共和，而民之憔悴虐政，乃甚于君主专制。其最为我国人所新能记忆者，宜莫如数月前墨西哥被革之统领爹亚士矣。彼专制墨国垂三十年，路易十四、拿破仑未能仿佛其什一也。其他中南美诸邦，皆类是耳。夫彼诸邦之宪法，与美同系，而所演之结果乃若是相反，何也？美国政治之大部分，出于联邦各州；而彼诸国则全集于中央，大权所集，而他机关末由问其责任，欲其不专制焉，安可得也。今我新共和国之宪法，将纯效北美合众国耶？则政府权限太狭，不适于时势；将效中美、南美耶？则政府权力太横，必返于专制。故以美洲之法系施诸我国，实无一而可也。

其三，吾既屡言冀得强有力之政府，然若采用美洲法系，则强有力之政府，适以为继续革命之媒介已矣。彼中美、南美诸国，革命惨剧，几于无岁无之，此稍治国闻者所能知也。即如墨西哥，彼马德罗之革爹亚士而代为大统领，距今三月前事耳；今巴拉拉又起而革马德罗，掠地德半国，迫墨京而要求逊位矣。谓拉丁民族程度劣下，不能运用宪政，斯固然矣；然欧洲拉丁民族之宪政国固不少，何以剧急不如彼其甚？此其源亦半由于立法不善，不可不察也。欧洲诸国，有元首超然于政府之上，政府则对国会负责任，人民不慊于政府，则政府辞职已耳。政府更迭太频繁，虽已非国家之福，然犹不至破坏秩序，危及国本也。美洲诸国，大统领即为行政府之首长，而任期有定，不以议会之从违为进退；人民不慊于政府，舍革命何以哉？夫国家元首与行政部首长，以一人之身兼之，此实天下最险之事。专制君主国所以易酿革命者以此，美洲诸共和民主国所以易酿革命者，亦以此也。

是故欧系之宪法其体圆，美系之宪法其体方；欧系之宪法其用活，美系之宪法其用死。而其相异之机括，全在此著。吾愿世之心醉美宪者，一味吾言；吾愿将来有编纂宪法之责者，务慎所择，毋贸贸然效颦，而贻国家以无穷之戚也。

其四，法国之举大统领，民夷然视之，其郑重仅视举议员稍加一等耳。美国举大统领，则两党肉薄，全国骚然，几类戒严，贿赂苞苴，动逾亿兆。若中美、南美，则每届改选，未或不杀人盈野，非拥重兵，不能得之。等是民主共和也，而相去悬绝若彼，其故可思也。法之大统领，全模仿欧洲各国君主，不躬亲政治以负责任，美其名，则曰神圣不可侵犯也。质言之，则无用之装饰品也，不能直接用一人，不能直接行一政，政权所出，全在内阁总理，故野心家不乐争此以为重。美洲诸国不然。美国行政府之权，虽云狭矣，然其权限内所属之官吏，悉由大统领进退，虽宪法上规定必须得元老院同意，然事实上皆大统领专行。故每一次改选大统领，苟继任者非其同党，则上自阁僚公使，下逮邮政脚夫、税关验丁，尽行易人，此曾游美国者所能熟知也。彼候选大统领之人，虽或廓然大公，其奈攀鳞附翼之徒太多，挟之使出于激烈卑劣之一途。彼美国幸而为清教徒所建设，道德较优美，自治之习甚完，全国仅两大党，故虽剧争而不至召乱耳。不然，其有以异于中南美者几何也？若中南美，则大统领之权愈崇，人之欲得之也愈甚，而其人民又乏自治之素养，缺政党之训练，争之不已，惟力是视，卒成为军人政治，前后相屠，国家永沉九渊，累劫不能自拔。呜呼！我国民而妄欲效颦美国也，吾惧此祸水行滔没吾神州也。彼诸国大率仅比我一郡，其元首比我古代一小侯耳，而惨争犹若彼。今若以四万万人之投票决此一席，再益以各省联邦首长，亦用此法决之，则其惨剧之比例，又当若何？言念及此，可为寒心。

吾知闻吾言者，必按剑疾视曰：汝何人？乃敢侮国民。汝何由知吾民程度必不如北美，而猥以比诸中美、南美？夫吾固非敢侮国民也，然又安敢面谀国民。彼条顿民族所演之英美两国，最富于自治力，最善训练政党，最能为秩序之政争，举全球各国，莫或能及之者。此天下公言也。谓我民程度能与彼抗颜行，徒自欺耳。自欺将焉取之？侧闻比者武汉首事诸君子，颇能相下，有赵却廉蔺之风，此诚极可喜之现象也。然闻之议道自己而制法以民，凡立法当为百年之计，使常人皆可以率循。方今大敌在前，同袍敌忾，内讧固可冀不起，而后此变迁，亦安可以不预防？昔法国大革命伊始，狄郎的士党实为首义，未几乃见屠于山岳党；山岳党中，罗拔士比尔、马拉、丹顿辈，又辗转互屠。夫自始曷尝非戮力共事之人哉？而后乃若彼者，势则然耳。吾固祝吾国永无此等不祥之事，然吾尤愿缔造之始，勿以立法之不臧，助长其势也。

且尤有一义为吾国民不可不深念者，吾屡言吾国今日所最渴望者，在得一强有力之中央政府，盖非是则不能整齐画一其民以图竞胜于外。此义当为全国稍有识者所同许也。然既已如此，则无异于共和政体之下而行开明专制，质言之，则爹亚士之奠安墨西哥，即操兹术也。然似此实最易酿成第二次革命，此我国民所最不可不留意也（爹亚士前此所以能久于其位者，以其承百余年大乱之后，人心思治已极，不惜牺牲一切以求得一专制之元首。盖与法国经大革命恐怖时代后，拿破仑应运而兴者，无异矣。及今年马德罗革爹亚士后不数月，而第二次革命起，则时势不同也）。

是故北美合众国所以能久安长治，而中美、南美则频年战乱者，北美人民程度优于中美、南美，固其一端也，然亦由国家组织法之根本差异有以致之。差异云何？则联邦分权与中央集权是也。使中美、南美各国中央权限之狭之一如北美，或未始不可以小康；使北美合众国中央权限之广一如中美、南美，亦安见其必无争乱也。故专以人民程度问题为北、中、南美政治现象差别之根原，所谓知其一未知其二也。而中南美诸国所以不能行联邦分权制者，实历史上之根柢使然，虽强欲效颦北美而不可得也。吾愿贤士夫之心仪美制者，且勿问吾民程度视美何如，尤当问吾国国势视美何如耳。

综而论之，吾国若欲采用美制，则有种种先决问题必须研究者：（第一）美国之中央共和政府，实建设于联邦共和政府之上；而彼之联邦，乃积数百年习惯而成。我国能以此至短之日月，产出彼巩固之联邦乎？（第二）美国政权之大部分，皆在联邦各州，其所割出以赋与中央者，不过一小部分。我国效之，能适于今日之时势乎？（第三）美国行绝对的三权分立主义，中央立法之权，行政部不能过问，此制果可称为善良之制乎？我国用之，能致国家于盛强乎？（第四）美国由英之清教徒移植，养成两大政党之风，故政争之秩序井然。我国人能视彼无逊色乎？（第五）美国初建国时，地仅十三州，民仅三百万，其选举机关，夙已完备。我国今日情形，与彼同乎异乎？吾愿心仪美制者，于此诸问题一加之意也。

第四，国会公举大统领而大统领无责任之共和政体何如？

此法国之制也，其优于美制者四：

一、选举大统领，不用全国投票，纷争之范围较狭。

二、其大统领与君主立宪国之君主等，缘无责任故无权力，人不乐争之，故纷扰之程度减。

三、大统领既超然政府之外，政治有不慊于民心者，其极至政府辞职而止；非如美洲法系之将大统领与政府合为一体，施政不平，动酿革命。四、政府由国会多数党组织，立法部与行政部常保联络，非如美国极端三权分立之拙滞。此其所长也。盖法人所以创为此制者：（其一）法之共和政，成立在美后，鉴于中美、南美之流弊，且亦积八十年间屡次内乱之经验，不得已而出于此也。（其二）地在欧洲，蒙诸君主立宪国之影响，故晦其名而用其实也。若我国而必采用民主共和制，则师法其优于师美矣。然法制之劣于美制者亦有一焉：美之政府，与大统领同体，而大统领任期一定，对于国会不负责任，故常能继续实行其政见，不致屡屡摇动，以久任而见效。法则大统领虽端拱不迁，而政府更迭频繁。法之不竞，颇由于此。虽然，法制行之而不善，其极则足以致弱耳；美制行之而不善，则足以取乱亡。何也？凡用美国法系之国，苟政府不为多数人民所信任，则非革命不能易之也。此无他故焉，欧洲法系，以国会监督政府，国会与政府之联络甚密；美洲法系，政府与国会同受权于选民，离立而不相摄也。

法制与美制比较，其优劣既如彼；若以与英制比较，其劣于英者复有二焉：

一、英王与法大统领，其超然立于政府与国会之外也虽同，然英王不加入政党，法大统领则借政党之力以得选。使大统领与总理大臣常为同党，则固无甚窒碍，然此实绝无仅有之事耳。法内阁每数月必更迭一次，安所得常与大统领同党者？苟非同党，则大统领常能用其法定之权，或明或暗，以牵制总理大臣。彼麦马韩（第三共和时代之第二大统领）之阴谋不轨，遵是道也，而后此且数见不鲜。法国政界，常有杌陧之象，此亦其一原因也。

二、英王名虽为王，实则土偶。此种位置，惟以纨绔世胄处之最宜。法大统领既由选举，其人非一国之才望，不能中选。既为一国之才望，乃投闲置散，使充数年间之装饰品，未免为国家惜。昔拿破仑一世初被选为执政官时，愤然语人曰："吾不愿为受豢之肥豚。"即此意也。

准此以谈，则法制之视美制，虽有一日之长，以云尽善，则犹未也。最近葡萄牙之共和宪法，最称后起，欲并取美法之长而去其短。然其大体实同于美，不过美大统领由人民选举，葡则采法制，由两议院选举耳。美制固有之诸弊葡终不能免也。

第五，虚戴君主之共和政体何如?

此虽未敢称为最良之政体，而就现行诸种政体比较之，则圆妙无出其右者矣。此制滥觞英国，全由习惯积渐而成，其后比利时著之成文宪法，遂为全欧列邦之模范。其为制也，有一世袭君主称尊号于兆民之上，与专制君主国无异也；而政无大小皆自内阁出，内阁则必得国会多数信任于始成立者也；国会则由人民公举，代表国民总意者也。基实际与美法等国之主权在民者，丝毫无异。故言国法学者，或以编入共和政体之列。独其所以异者，则戴一世袭之大爵主为装饰品，国民待以殊礼，且岁供皇室费若干以豢养之而已。夫欧人果何取乎此装饰品，而全国人屈己以礼之，且出其血汗金钱以豢之也?以其可以杜内争而定民志也。夫以法国大革命恐怖时代，全国民死亡将半，争乱经八十余年而始定；以中美、南美之每改选大统领一次辄起革命一次；试问国家所损失为数几何?以区区之皇室费与照例尊崇之虚文易之，天下代价之廉，莫过是也。是故十九世纪欧洲诸国，无国不经革命；夫革命固未有不与君主为敌者矣，及其成功也，则仍莫不虚戴一君主；其尤取巧者，则不戴本国人为君主，迎一异国异种之人而立之，但使之宣誓入籍、宣誓守宪而已。若比利时，若布加利牙，若罗马尼亚，若希腊，若挪威，皆其例也。夫岂其国中无一才智之人可任大统领，而顾出于此迂远愚谬之举?此其故可思也。中南美诸国所以革命相寻无已时，而彼诸国所以一革之后邦基永定者，其操术之巧拙异也。

且在今日国竞极剧之世，苟非得强有力之政府，则其国未有不式微者。而在美洲法系之国，大统领既与政府同体，且同受权于国民，国会不能问其责任，苟非以宪法极力裁减其权，势必流于专制。故美国政府，不能列席于国会，不能提出法案于国会，不能解散国会，惟奉行国会所立之法而已。夫政治贵有计划，而计划之人即为执行之人，然后可以察责任而课功罪也。美制不能然，国会计划之，而政府执行之，两不相接，而各有所诿，非所以图治也。在前此墨守门罗主义，与列强罕相角，固可以即安；在今日则大不适于时势矣，此卢斯福之亲国家主义所由倡也。然在美国法系之下，而欲此主义之现于实，吾信其难矣。欧洲之虚君共和制则异是。英人之谚曰："国会之权力，除却使男女易体外，无一事不能为。"国会之权，如彼其重也；而内阁总理大臣，惟国会多数党首领为能尸之。故国会常为政府之拥护者，国会之权，即政府之权也。然则政府之权力，亦除却使男女易体外，无一事不能为也。所谓强有力之政府，莫过是矣。然则易为而不流于专制？则以非得多数于国会者不能执政，而国会实由人民选举，其得多数者，必其顺民心者也。此制也，在专制君主国固不能行之；即在德日等之大权立宪国仍未能行之；若在美洲之诸民主共和国，尤绝对的不能行之；能行之者，惟虚君主共和国而已。此论政体者所以推此为极轨也。

然则中国亦可行此制乎？曰：呜呼！吾中国大不幸，乃三百年间戴异族为君主，久施虐政，屡失信于民，逮于今日，而今此事殆成绝望，贻我国民以极难解决之一问题也。吾十余年来，日夜竭其力所能逮，以与恶政治奋斗，而皇室实为恶政治所从出。于是皇室乃大憾我，所以僇辱窘逐之者，无所不用其极。虽然，吾之奋斗，犹专向政府，而不肯以皇室为射鹄，国中一部分人士，或以吾为有所畏，有所媚，讪笑之，辱骂之，而吾不改吾度。盖吾畴昔确信美法之民主共和制，决不适于中国，欲跻国于治安，宜效英之存虚君，而事势之最顺者，似莫如就现皇统而虚存之。十年来之所以慎于发言，意即在是。吾行吾所信，故知我罪我，俱非所计也。虽然，吾盖误矣。今之皇室，乃饮酰以祈速死，甘自取亡，而更贻我中国以难题。使彼数年以来，稍有分毫交让精神，稍能布诚以待吾民，使所谓（十九条信条）者，能于一年数月前发布其一二，则吾民虽长戴此装饰品，视之如希腊、挪威等国之迎立异族耳，吾知吾民当不屑龂龂与较者。而无如始终不寤，直至人心尽去，举国皆敌，然后迫于要盟，以冀偷活，而既晚矣。夫国家之建设组织，必以民众意向为归。民之所厌，虽与之天下，岂能一朝居。呜呼，以万国经验最良之虚君共和制，吾国民熟知之，而今日殆无道以适用之，谁之罪也？是真可为长太息也！

无已，则依比利时、挪威等国迎立异邦人为君主使宣誓人籍然后即位之例，但使现皇室能改从汉姓，我国民或许其尸此虚位乎？夫昔代既有行之者矣，北魏孝文帝之改拓跋为元氏是也。更有进者，则宪法中规定册立皇后，必选汉族名媛，则数传之后，血统亦既不变矣。吾以为苟用此法，则以视糜千万人之血，以争此土木偶之虚君较为得计。然人心怨毒所中既若此其甚，其可行与否，吾不敢言也。

又所谓宪法信条十九条者，今已誓庙公布，若能永见实行，则虚君共和基础确立，吾民诚不必与争此虚位。然事定之后，旧朝其肯长此退让，不谋所以恢复其权力乎？此尽人所不能无疑也。窃以为若万不得已而戴旧朝以行虚君共和制，则迁都实为一最重要之条件。诚有南迁，则民权之确立，庶可期矣。且京师久为首恶之区，非离却之，则政治之改革，终末由奏效也。然此事果能办到乎？即能办到，而吾国民遂能踌躇满志乎？吾盖不敢言。然则舍现在皇统外，仍有行虚君共和制之道乎？曰：或有一焉。吾民族中有孔子之裔衍圣公者，举国世泽之延未有其比也，若不得已，而熏丹穴以求君，则将公爵加二级，即为皇帝。此视希腊、挪威等之迎立外国王子，其事为尤顺矣。夫既以为装饰品，等于崇拜偶象，则亦何人不可以尸此位者？此或亦无法中之一法耶！虽然，尚有三疑义焉：

其一，若非现皇室禅让，则友邦不易承认，而禅让之事，恐不易期。南北相持既久，是否能保国中秩序？秩序既破，干涉是否能免？

其二，孔子为一教主，今拥戴其嗣为一国元首，是否能免政教混合之嫌？是否能不启他教教徒之疑忌？

其三，蒙、回、藏之内附，前此由于服本朝之声威，今兹仍驯于本朝之名公，皇统既易，是否尚能维系？若其不能，中国有无危险？

凡此三者，皆极难解决之问题。其第一、第三项，则无论欲改民主，欲戴衍圣，皆同此患；其第二项，则衍圣所独也。同是戴虚君，而衍圣公不如现皇室者即在此。故曰：现皇室既不能戴，则我国行虚君共和制之望殆绝也。

夫民主共和制之种种不可行也既如彼，虚君共和制之种种不能行也又如此，于是乎吾新中国建设之良法殆穷。夫吾国民终不能以其穷焉而弃不建设也，必当思所以通之者。吾思之思，既竭吾才矣，而迄未能断也。吾只能尽举其所见，胪陈利病于国民之前，求全国民之慎思审择而已。夫决定一国建设之大问题，惟全国民能有此权，决非一私人所能为役也。若曰一私人应出其意见，以供全国民之参考乎，则吾待吾再若思有得，乃更以献也。

（《饮冰室合集·文集之二十七》，第四册）

台湾之游

昨二十八日抵台矣。沿途水波不兴，虽深畏海行如明水先生者，亦饮啖胜常，致可喜也。前日舟掠温台界而南，遥望祖国，青山一发，神往久之。……

舟入鸡笼，警吏来盘诘，几为所窘，幸首涂前先至东京，乞取介绍书，否则将临河而返矣。台湾乃禁止我国人上陆，其苛不让美、澳，吾居此十年，而无所知，真梦梦也。

鸡笼舟次，遗老欢迎者十数；乘汽车入台北，迎于驿者又数十。遗民之恋恋于故国，乃如是耶，对之惟有增恧。

顷行矣，归舟所满载者哀愤也。舟中西望故国，岂惟慨叹，直不寒而栗耳。此行所最生感者，则生计上之压迫是也。一受此压迫，殆永劫无摆脱之期。吾于全台，游历过半，见其一切日用品，殆无不来自日本，即如所穿之屐及草履，所食之面及点心，皆然。举其小者，大者可推矣。中国货物，殆杜绝不能进口，保护关税之功用，其可畏有如此者。台湾本绝无工艺品，而中国货则税率殆埒其原价，其舍日本货外更无可用亦宜。而日本货之价，亦远贵于日本本境。以物价比例于劳庸，则台湾物价之昂，盖世界所罕见也。以故台湾人职业虽似加于昔，每日所得工钱虽似增于昔，然贮蓄力乃不见其增而惟见其减。就此趋势推之，其将来岂堪设想！而还顾我祖国，其将来又岂堪设想也！

吾兹行之动机，实缘频年居此，读其新闻杂志，盛称其治台成绩，未尝不愀然有所动于中。谓同是日月，同是山川，而在人之所得，乃如是也。而数年以来，又往往获交彼中一二遗老，则所闻又有以大异乎前，非亲见又乌乎辨之，此兹行所以义不容已也。大抵兹行所亟欲调查之事项如下：

一、台湾隶我版二百年，岁入不过六十余万，自刘壮肃以后，乃渐加至二百余万，日人得之仅十余年，而频年岁入三千八百余万，本年预算，且四千二百万矣。是果何道以致此？吾内地各省若能效之，则尚何贫之足为忧者。

二、台湾自六年以来，已不复受中央政府之补助金，此四千余万者，皆台湾本岛之所自负担也。岛民负担能力，何以能骤进至是？

三、台湾政府前此受其中央政府补助数千万金，又借入公债数千万金。就财政系统言之，则台湾前此之对于其母国，纯然为一独立之债务国，大有所究索。

四、台湾为特种之行政组织，盖沿袭吾之行省制度，未有所决，求之于彼，或可得师资一二。

五、吾国今后言殖产兴业，要不能不以农政为始基。闻台湾农政之修，冠绝全球，且其农事习惯，多因我国，他山之石，宜莫良于斯。

六、台湾为我领土时，币制紊乱，不可纪极。日人得之，初改为银本位，未几遂为金本位。其改革之次第如何，过渡时代之状态如何，改革后之影响如何，于我国今日币制事业，必有所参考。

七、日本本国人移殖于台湾者，日见繁荣。今日我国欲行内地殖民于东三省、蒙古、新疆诸地，其可资取法者必多。

八、台湾之警察行政，闻与日本内地系统不同，不审亦有可以适用于我国者否？我国旧行之保甲法，闻台湾采之而卓著成效，欲观其办法如何。

九、台湾之鸦片专卖事业，自诩为禁烟之一妙法，当有可供我研究者。

十、台湾前此举行土地调查，备极周密，租税之整理，其根本皆在于此，何以能行而民不扰？又其所行之户口调查，系适用最新技术，日人自夸为办理极善。今者日本本国将行国势调查，即以为法，欲观其实际详情如何。

（《饮冰室合集·专集之二十二》，第七册）

鄙人对于言论界之过去及将来

鄙人今日得列席于此报界欢迎会，而群贤济济，至百数十人之盛，其特别之感想，殆难罄言。去秋武汉起义，不数月而国体丕变，成功之速，殆为中外古今所未有。南方尚稍烦战事，若北方则更不劳一兵不折一矢矣。问其何以能如是，则报馆鼓吹之功最高，此天下公言也。世人或以吾国之大，革数千年之帝政，而流血至少，所出代价至薄，诧以为奇，岂知当军兴前军兴中，哲人畸士之心血沁于报纸中者，云胡可量。然则谓我中华民国之成立乃以黑血革命代红血革命焉可也。鄙人越在海外，曾未能一分诸君子之劳，言之滋愧。虽然，鄙人二十年来，固以报馆为生涯，且自今以往，尤愿终身不离报馆之生涯者也。今幸得于同业诸英握手一堂，窃愿举鄙人过去对于报馆事业之关系及今后所怀抱，为诸君一言。

鄙人之投身报界，托始于上海《时务报》，同人多知之。然前此尚有一段小历史，恐今日能言之者少矣。当年甲午丧师以后，国人敌忾心颇盛，而苦懵于世界大势。乙未夏秋间，诸先辈乃发起一强学会，今大总统袁公，即当时发起人之一也。彼时同人固不知各国有所谓政党，但知欲改良国政，不可无此种团体耳。而最初着手之事业，则欲办图书馆与报馆。袁公首捐金五百，加以各处募集，得千余金。遂在后孙公园设立会所，向上海购得译书数十种，而以办报事委诸鄙人。当时固无自购机器之力，且都中亦不闻有此物，乃向售《京报》处托用粗木版雕印，日出一张，名曰“中外公报”，只有论说一篇，别无记事。鄙人则日日执笔为一数百字之短文，其言之肤浅无用，由今思之，只有汗颜。当时安敢望有人购阅者，乃托售《京报》人随“宫门钞”分送诸官宅，酬以薪金，乃肯代送。办理月余，居然每日发出三千张内外。然谣诼蜂起，送至各家门者，辄怒以目。驯至送报人惧祸，及悬重赏亦不肯代送矣。其年十一月，强学会遂被封禁。鄙人服器书籍皆没收，流浪于萧寺中数月。益感慨时局，自审舍言论外，未由致力，办报之心益切。明年二月南下，得数同志之助，乃设《时务报》于上海。其经费则张文襄与有力焉。而后数月，文襄以报中多言民权，干涉甚烈。其时鄙人之与文襄，殆如雇佣者与资本家之关系。年少气盛，冲突愈积愈甚。丁酉之冬，遂就湖南时务学堂之聘，脱离报馆关系者数月。《时务报》虽存在，已非复前此之精神矣。当时亦不知学堂当作何办法也，惟日令诸生作札记，而自批答之，所批日恒万数千言，亦与作报馆论文无异。当时学生四十人，日日读吾所出体裁怪特之报章，精神几与之俱化。此四十人者，十余年来强半死于国事，今存五六人而已。此四十份报章，在学堂中固习焉不怪，未几放年假，诸生携归乡里，此报章遂流布人间，于是全湘哗然，咸目鄙人为得外教眩人术，以一丸药翻人心而转之，诸生亦皆以二毛子之嫌疑，见摈于社会。其后戊戌变法，其最有力之弹章，则摭当时所批札记之言以为罪状。盖当时吾之所以与诸生语者，非徒醉心民权，抑且于民族之感言之未尝有讳也。此种言论，在近数年来诚数见不鲜，然当时之人闻之安得不掩耳？其以此相罪，亦无足怪也。戊戌八月出亡，十月复在横滨开一《清议报》，明目张胆以攻击政府，彼时最烈矣。而政府相疾亦至，严禁入口，驯至内地断绝发行机关，不得已停办。辛丑之冬，别办《新民丛报》，稍从灌输常识入手，而受社会之欢迎，乃出意外。当时承团匪之后，政府创痍既复，故态旋萌，耳目所接，皆增愤慨。故报中论调，日趋激烈。壬寅秋间，同时复办一《新小说报》，专欲鼓吹革命，鄙人感情之昂，以彼时为最矣。犹记曾作一小说《新中国未来记》，连登于该报者十余回，其理想国号曰“大中华民主国”，其理想的开国纪元即在今年，其理想的第一代大总统名曰罗在田，第二代大总统名曰黄克强。当时固非别有所见，不过办报在壬寅年，逆计十年后大业始就。故托言“大中华民主国”，祝开国五十年纪念，当西历一千九百六十二年。由今思之，其理想之开国纪元，乃恰在今年也。罗在田者，藏清德宗之名，言其逊位也。黄克强者，取黄帝子孙能自强立之意。此文在座诸君想尚多见之，今事实竟多相应，乃至与革命伟人姓字暗合，若符谶然，岂不异哉？其后见留学界及内地学校，因革命思想传播之故，频闹风潮，窃计学生求学，将以为国家建设之用，雅不欲破坏之学说，深入青年之脑中，又见乎无限制之自由平等说，流弊无穷，惴惴然惧；又默察人民程度，增进非易，恐秩序一破之后，青黄不接，暴民踵兴，虽提倡革命诸贤，亦苦于收拾。加以比年国家财政国计民生，艰窘皆达极点，恐事机一发，为人劫持，或至亡国。而现在西藏蒙古离衅分携之噩耗，又当时所日夜念及而引以为戚。自此种思想往来于胸中，于是极端之破坏不敢主张矣。故自癸卯甲辰以后之《新民丛报》，专言政治革命，不复言民族革命。质言之，则对于国体主维持现状，对于政体则悬一理想以求必达也。及丁未夏秋间，与同人发起政闻社，其机关杂志名曰《政论》，鄙人实为主任。政闻社为清政府所封闭，《政论》亦废。最近乃复营《国风报》，专从各种政治问题，为具体之研究讨论，思灌输国民以政治常识，初志亦求温和，不事激烈。而晚清政令日非，若惟恐国之不亡而速之，刿心怵目，不复能忍受，自前十年以后至去年一年之《国风报》，殆无日不与政府宣战。视《清议报》时代，殆有过之矣。犹记当举国请愿国会运动最烈之时，而政府犹日思延宕，以宣统八年、宣统五年等相搪塞。鄙人感愤既极，则在报中大声疾呼，谓政治现象若仍此不变，则将来世界字典上决无复以“宣统五年”四字连属成一名词者，此语在《国风报》中凡数见，今亦成预言之谶矣。

计鄙人十八年来经办之报凡七，自审学识谫陋，文辞朴僿，何足以副立言之天职，惟常举吾当时心中所信者，诚实恳挚以就正于国民已耳。今国中报馆之发达，一日千里，即以京师论，已逾百家，回想十八年前《中外公报》沿门丐阅时代，殆如隔世；崇论闳议，家喻户晓，岂复鄙人所能望其肩背？虽然，鄙人此次归来，仍思重理旧业，人情于其所习熟之职业，固有所不能舍耶。若夫立言之宗旨，则仍在浚牖民智，熏陶民德，发扬民力，务使养成共和法治国国民之资格。此则十八年来初志，且将终身以之者也。而世论或以鄙人曾主张君主立宪，在今共和政体之下，不应有发言权。即欲有言，亦当先自引咎，以求恕于畴昔之革命党，甚或捏造谰言，谓其不慊于共和，希图破坏者，即侪辈中亦有疑于平昔所主张，与今日时势不相应，舍己从人，近于贬节，因嗫嚅而不敢尽言者。吾以为此皆讆词也。无论前此吾党所尽力于共和主义者何如，即以近年所主张，对于国体主维持现状，对于政体则悬一理想以求必达，此志固可皎然与天下共见。夫国体与政体本不相蒙，稍有政治常识者颇能知之矣。当去年九月以前，君主之存在，尚俨然为一种事实，而政治之败坏已达极点。于是忧国之士，对于政界前途发展之方法，分为二派，其一派则希望政治现象日趋腐败，俾君主府民怨而自速灭亡者，即谚所谓苦肉计也，故于其失政，不屑复为救正，惟从事于秘密运动而已；其一派则不忍生民涂炭，思随事补救，以立宪一名词，套在满政府头上，使不得不设种种之法定民选机关，为民权之武器，得凭借以与一战。此二派所用手段虽有不同，然何尝不相辅相成？去年起义至今，无事不资两派人士之协力，此其明证也。然则前此曾言君主立宪者，果何负于国民？在今日亦何嫌何疑而不敢为国宣力？至于强诬前此之立宪派之人为不慊于共和，则更是无理取闹。立宪派人不争国体而争政体，其对于国体主维持现状，吾既屡言之，故于国体则承认现在之事实，于政体则求贯彻将来之理想。夫于前此障碍极多之君主国体，犹以其为现存之事实而承认之，屈已以活动于此事实之下，岂有对于神圣高尚之共和国体而反挟异议者？夫破坏国体，惟革命党始出此手段耳，若立宪党则从未闻有以摇动国体为主义者也。故在今日，拥护共和国体，实行立宪政体，此自理论上必然之结果，而何有节操问题之可言耶？

若夫吾侪前此所忧革命后种种险象，其不幸而言中者十而八九，事实章章，在人耳目，又宁能为讳？论者得毋谓中国今日已治已安，而爱国志士之责任从是毕耶？平心论之，现在之国势政局，为十余年来激烈温和两派人士之心力所协同构成，以云有功，则两俱有功；以云有罪，则两俱有罪。要之，此诸人士者，欲将国家脱离厄区跻诸乐土，而今方泛中流，未达彼岸。既能发之，当思所以收之。自今以往，其责任之艰巨视前十倍，又岂容一人狡卸者？今激烈派中人，其一部分则谓吾既已为国家立大功成大业矣，畴昔为我尽义务之时期，今日为我享权利之时期，前此所受窘逐戮辱于清政府者，今则欲取十百倍之安富尊荣于民国以为偿，此种人自待太薄，既不复有责备之价值。其束身自好者，则谓吾前此亦既已尽一部分之责任，进国家于今日之地位矣，自今以往，吾其可以息肩，则翛然于事外而已。而所谓温和派者，忘却自己本来争政体不争国体，因国体变更，而自以为主张失败，甚乃生出节操问题，又忘却现在政治，绝未改良，自己畴昔所抱志愿，绝未贯彻，而自己觉得无话可说，则如斗败之鸡，垂头丧气；如新嫁之娘，扭扭捏捏，两方面之人，既皆如此，则国家之事，更有谁管？在已治已安之时，人人不管国事，尚且不可，况今日在危急存亡之交者哉？若谓前此曾言立宪之人，当共和国体成立后，即不许容其喙于政治，吾恐古往今来普天率土之共和国，无此法律。吾侪惟知中国为中国人之中国，尽人有分，而绝非一部分人所得私，前清政府，以国家为其私产，以政治为其私权，其所以迫害吾侪不使容喙于政治者，无所不其极，吾侪未尝敢缘此自馁而放弃责任也。况在今日共和国体之下，何至有此不祥之言？此鄙人所谓欲赓续前业，常举其所信以言论与天下相见也。忝列嘉会，深铭隆贶，聊述前此之经历与今后之志事以尘清听，情与词芜，伏希洞亮。

（《饮冰室合集·文集之二十九》，第四册）

莅北京大学校欢迎会演说词

三十一日下午，北京大学校开会欢迎先生，先期在讲堂遍悬国旗，校长教员学生咸集，先生莅会后，由马校长述欢迎词，略谓戊戌新政所留存于今日者，唯一大学校，先生实与此校有关系，今日请赐训词于诸生云云，先生演说词如下。

鄙人今日承本国最高学府北京大学校之欢迎，无任荣幸，适马校长所言鄙人与大学校之关系一节，当年确有其事，今请略述一二，以告诸君。

时在乙未之岁，鄙人与诸先辈感国事之危殆，非兴学不足以救亡，乃共谋设立学校，以输入欧美之学术于国中，惟当时社会嫉新学如仇，一言办学，即视同叛逆，迫害无所不至，是以诸先辈不能公然设立正式之学校，而组织一强学会，备置图书仪器，邀人来观，冀输入世界之智识于我国民，且于讲学之外，谋政治之改革。盖强学会之性质，实兼学校与政党而一之焉。在今日固视为幼稚之团体，然在当时风气未开之际，有闻强学会之名者，莫不惊骇而疑有非常之举。此幼稚之强学会，遂能战胜数千年习惯，而一新当时耳目，具革新中国社会之功，实不可轻视之也。至创设此会之诸先辈，今日存者已寥若晨星，袁大总统即最尽力于此会之一人焉。厥后谣诼频兴，强学会之势力愈强，而政府嫉强学会之心亦愈甚，迄乙未之末，为步军统领所封禁，所有书籍仪器尽括而去，其中至可感慨者，为一世界地图，盖当购此图时，曾在京师费一二月之久，遍求而不得，后辗转托人始从上海购来，图至之后，会中人视同拱璧，日出求人来观，偶得一人来观，即欣喜无量，乃此图当时封禁，亦被步军统领衙门抄去，今不知辗转落在何处矣。及至戊戌之岁，朝政大有改革之望，孙寿州先生本强学会会员，与同人谋，请之枢府，将所查抄强学会之书籍仪器发出，改为官书局，嗣后此官书局即改为大学校。故言及鄙人与大学校之关系，即以大学校之前身为官书局，官书局之前身为强学会，则鄙人固可为有关系之人。然大学校之有今日，实诸先辈及历任校长与教师之力，谓鄙人为创设大学校之发动人，则不敢当。

鄙人在十五年前，实不能料及今日有如是规模宏大之大学校。鄙人不能不倾佩历任校长教师与学生诸君之努力，且当为国家感谢者也。惟以今日之大学校，与欧美日本之大学校相较，则程度之相去尚远，此则鄙人于倾佩之外，不能不责望大学校之校长教师之勉为尽力，而更不能不责望大学校学生诸君之愈益努力者也。盖大学之发达，校长教师与国家社会虽同负其责，然与大学校有至密之关系者，实在学生诸君。诸君设不自行勉力，则大学校安能发达？敬祈诸君勉力为中国之学问争光荣。鄙人今请进数言，聊为诸君他山之用。

普通学校目的在养成健全之人格，与其生存发展于社会之能力，此为全教育系统之精神。大学校之目的，固亦不外乎是，然大学校之所以异于普通学校而为全国最高之学府者，则因于普通目的以外，尚有特别之目的在，固不仅其程度有等差而已。特别之目的为何？日研究高深之学理，发挥本国之文明，以贡献于世界之文明是焉。是以施普通教育之学校，其所授之智识，为人类生活社会上日用所必具备之智识，所训练之能力，为人类生活上社会上日用所必具备之能力，如是而已。而大学校之所授者，则不仅人类生活上社会上日用寻常所必具之智识能力，而为一切现象之法则，所谓科学者是焉。此不独大学校与普通学校之分在是，而大学校与专门学校之别亦全在此。盖专门学校之学科，强半与大学校相同，往往有人误视为具体而微之大学，殊不知二者之间，固显有区别在焉。专门学校之目的，在养成社会上技术之士，而大学之目的，则在养成学问之士。故专门学校之所授，虽多科学之原理，而所重在术，不过因学以致用；大学校之所以授，虽亦有技术之智识，而所重者在学，不过因术以明学。我国往往学术连用，漫无区别，殊不知二者迥不相同，固不能连而为一者也。盖所谓学者，推究～切现象之原理原则，以说明一切之现象，于推究原理原则说明现象之外，别不另设方途以求致用；而所谓术者，则应用学理之方法、技能而已，与推究原理原则以说明现象之学，实判然不能相同者也。故科学之分类，以现象为标准，有自然之现象，即有自然之科学；有人类之现象，即有人类之科学；有社会之现象：即有社会之科学。因自然有种种之现象，亦即有自然之种种科学；因人类有种种之现象，亦即有人类之种种科学；因社会有种种之现象，亦即有社会之种种科学。若夫技术，则以人类社会实用之目的，为其分类之标准，或合人类之需要，或应社会之要求，或按国家之机关，而有种种之技术。此实为学与术根本相异之处，而大学校与专门学校之区别，亦于是而分焉。是以同一法律科目，专门学校之目的，在于养成学生法官、辩护士之能力；而在大学则惟使学生能知法律现象之原理原则，至于学生毕业以后，为法官，抑为辩护士，则非大学之第一目的矣。其他科目，莫不如是。简言之，专门学校之精神，在实际之应用；而大学之精神，则在研究与发明。故凡人类间具有系统之智识，大学校莫不列为学科，固不问其按切实用与否也。譬如西洋大学有希腊罗马古典之学，北京大学亦有经训考证之科，以言实用，邈乎远矣，而大学校亦不得不列之为一学科。夫大学校之目的既在研究高深之学理，大学校之学科，又复网罗人类一切之系统智识，则大学校不仅为一国高等教育之总机关，实一国学问生命之所在，而可视之为一学问之国家者也。且学问为文明之母，幸福之源，一国之大学，即为一国文明幸福之根源。其地位之尊严，抑岂我人言语所能尽欤？诸君受学于此最尊严之大学，负研究学问之大任，鄙人所欲进一言为诸君勉者，亦惟祈诸君能保持大学之尊严，努力于学问事业而已。

抑我又有言者，则前清学制之弊，至今犹令人痛恨不已。其误国最甚者，莫如奖励出身之制，以官制为学生受学之报酬，遂使学生以得官为求学之目的，以求学为得官之手段，其在学校之日，所希望者，为毕业之分数与得官之等差，及毕业以后，即抛弃学业而勉力作官矣。即以海外之留学生日浸染于外国之学风者而言，当留学之时，固多以学问为目的，而勉力求学，然毕业以后，足迹甫履中国，亦即沾染此恶风，抛弃其数年克苦所得之学问，而努力作官矣。故中国兴学十余年，不仅学问不发达，而通国学生，且不知学问为何物，前清学制之害，庸可胜言耶？是以鄙人今日所欲更为诸君勉者，则望诸君以学问为目的，不当以学问为手段。盖大学为研究学问之地，学问为神圣之事业，诸君当为学问而求学，于学问目的之外，别无他种目的，庶不愧为大学生。若于学问目的之外，别有他种目的，则渎学问之神圣，伤大学之尊严，尚能谓之研究学问乎？诸君勉之，努力学问之事业，以发挥我中国之文明，使他日中国握世界学问之牛耳，为世界文明之导师，责任非轻，诸君其勉力为我中国文明争光荣。

鄙人今尚欲进数言于诸君之前者，则为今日之学风问题。夫今日学风之坏，人所同慨，鄙人所欲言者，亦非仅指大学一校。惟以大学为全国最高之学府，大学学风足为全国学风之表率，是则鄙人所不能不以此责望于我大学生诸君，祈有以表率我全国之学风，而改善我全国之学风者也。语时或有开罪之处，尚望诸君谅之焉。

（一）服从 言今日学风之坏，莫过于学生缺乏服从之德，不服从教师之训导，不受校长之约束，放恣乱为，动起风潮，遂致德无由进，业无由成。我可敬可爱之青年学生，几成为可鄙可贱之无业游民。言念及此，曷胜浩叹！诸君闻此言，或且有谓鄙人谬悖，欲以奴隶之行，责之我共和国之大学生矣。此在不以服从为然者，必谓学生当有自由，校长教师等是同类，安有服从之可言？服从二字，乃奴隶之所受，讵可加之于我学生之身？然学生以德之未修，学之未成，始入学校求学，则在学校之中，自当服从校长教师之训导，不然，又安名为学生？学生中有言自由者，实不学之误也；且一国之中，一切皆可言自由，惟军队与学生，乃不能言自由。军队言自由，则不仅全军瓦解，不能成军，且足以扰乱秩序，其危险莫可名状；学生言自由，亦不仅学业无成，教育无效，其影响于社会国家，所关殊非浅鲜。故欧美先进之国，其学生莫不谨守服从之德。当退校之时，或多与教师从容谈笑；若在校中，则虽年高德尊若我马校长其人者，苟为学生亦严格整肃，谨听校长教师之训导而毋敢或违。鄙人前游美洲大陆，曾遍观其学校，见其学生之谨守服从，至足感人；而尤足奇异者，则美之学生不仅对于校长教师守服从之德，下级学生之于上级学生，亦尽服从之责。上级学生苟有命，下级学生莫不心悦诚服而为之。此其故何哉？诚以共和之国，人人有自由，即当人人能服从。不然，势成人人相抗之象，秩序危殆，国将不国。而欲养成此服从之德，在共和之国，舍教育以外，殊无他途可言。固不若专制之国，以威力胁迫人民服从，不问人民之能服从与否也。故专制国之学生，不必养成其服从之德，而共和国之学生，设使不于其受教育之日，训练其能守服从之德，则国基危殆，害莫胜言矣。此鄙人之所以以服从之德望大学生诸君，有以矫正我全国学风也。

（二）朴素 孔子有言，君子食无求饱，居无求安。此在今日，虽不足奉为我人处世之道，然学生求学之时，则不可不具此精神。欧美学生自小学而中学，中学而大学，非历二十年之久，不能成业。且学费之巨，亦非中下之产所能任。故学生之能卒业于大学者，百中实不得一二，惟能刻苦之学生，始能卒业。至若日本，则能卒业于中学以上之学校者，大抵皆苦学之士，积十余年困苦艰难之学生生活，始克学成而为世用。今日彼国知名之士，若一谈其苦学之经历，则恐我国学生皆当愧死矣。我国学生本亦寒素之士居多，惟近年来则纨绔之风大盛，衣食惟求精美，居处惟求安适，其最堪痛心者，则莫如求学之青年奢侈放纵，既伤其德性，复害其学业。设此风不革，则中国教育之前途，尚堪问乎？此鄙人之所以祈望大学生诸君，力倡朴素之风，以改革我全国之学风也。

（三）静穆 鄙人非谓学生不当发扬蹈厉，人固贵有发扬蹈厉之精神，而后始能在社会任事；惟发扬蹈厉之精神，当用之于做事之时，不能用之于求学之时。学生在求学时代，当善养其发扬蹈厉之精神，则他日学成以后，庶能发挥此精神于事业，孟子所谓养我浩然之气者是也。若在学生时代而误用之于校长教师，是为不守规则之学生，非所谓发扬蹈厉之精神也。且天下惟有学问有修养之士，乃能真有发扬蹈厉之精神。无学问无修养者，仅能谓之狂躁，谓之轻率，以之办事，无一事可成也。故学生若不于学生时代以静穆之风善养其发扬蹈厉之精神，则他日必成为狂躁之士，轻率之士，终身将不能成一事，可不勉乎哉？况学问之业，非有冷静之头脑不能得益；学生若以浮躁之心受学，则不仅不能深入学问之道，我恐即有善教之教师，亦不能有丝毫之得益。故学生若不于求学之时，养成冷静之头脑，则于学问之业，日相去而日远矣。静穆之风，可不贵哉？简言之，静穆之风，一则以成冷静之头脑，一则以养发皇之精神；在学校之日，以之修业而进德，卒业之后，则赖之以任事而成功。此为学生至可宝贵之学风，鄙人深望大学生诸君有以提倡此风也。

关于学风问题，鄙人所欲言者，不仅此三事，惟以此三者为最要，故特举以告诸君耳。愿诸君勉之，为我中国学问之前途争光荣。

（《饮冰室合集·文集之二十九》，第四册）

吾今后所以报国者

吾二十年来之生涯，皆政治生涯也。吾自距今一年前，虽未尝一日立乎人之本朝，然与国中政治关系，殆未尝一日断。

吾喜摇笔弄舌，有所论议，国人不知其不肖，往往有乐倾听之者。吾问学既谫薄，不能发为有统系的理想，为国民学术辟一蹊径；吾更事又浅，且去国久，百与实际之社会阂隔，更不能参稽引申，以供凡百社会事业之资料。惟好攘臂扼腕以谈政治，政治谈以外，虽非无言论，然匣剑帷灯，意固有所属，凡归于政治而已。吾亦尝欲借言论以造成一种人物，然所欲造成者，则吾理想中之政治人物也。吾之作政治课也，常为自身感情作用所刺激，而还以刺激他人之感情，故持论亦屡变，而往往得相当之反响。畴昔所见浅，时或沾沾自喜，谓吾之多言，庶几于国之政治小有所裨，至今国中人犹或以此许之。虽然，呈今体察既确，吾历年之政治谈，皆败绩失据也。吾自问本心，未尝不欲为国中政治播佳种，但不知吾所谓佳种者，误于别择耶？将播之不适其时耶，不适其地耶？抑将又播之不以其道耶？要之，所获之果，殊反于吾始愿所期。

吾尝自讼，吾所效之劳，不足以偿所造之孽也。吾躬自为政治活动者亦既有年，吾尝与激烈派之秘密团体中人往还，然性行与彼辈不能相容，旋即弃去。吾尝两度加入公开之政治团体，遂不能自有所大造于其团体，更不能使其团体有所大造于国家，吾之败绩失据又明甚也。吾曾无所于悔，顾吾至今乃确信，吾国现在之政治社会，决无容政治团体活动之余地。以今日之中国人而组织政治团体，其于为团体分子之资格所缺实多。夫吾即不备此资格者之一人也，而吾所亲爱之俦侣，其各皆有所不备，亦犹吾也。吾于是日憬然有所感，以谓吾国欲组织健全之政治团体，则于组织之前更当有事焉，曰：务养成较多数可以为团体中健全分子之人物。然兹事终已非旦夕所克立致。未能致而强欲致焉，一方面既使政治团体之信用失坠于当世，沮其前途发育之机，一方面尤使多数有为之青年浪耗其日力于无结果之事业，甚则品格器量，皆生意外之恶影响。吾为此惧，故吾于政治团体之活动，遂不得不中止。吾又尝自立于政治之当局，迄今犹尸名于政务之一部分。虽然，吾自始固自疑其不胜任，徒以当时时局之急迫，政府久悬，其祸之中于国家者或不可测，重以友谊之敦劝，乃勉起以承其乏。其间不自揣，亦颇尝有所规划，思效铅刀之一割，然大半与现在之情实相阂，稍入其中，而知吾之所主张，在今日万难贯彻，而反乎此者，又恒觉于心有所未安。其权宜救时之政，虽亦明知其不得不尔，然大率为吾生平所未学，虽欲从事而无能为役。若此者，于全局之事有然，于一部分之事亦有然。是故援“陈力就列不能者止”之义，吁求引退，徒以元首礼意之殷渥，辞不获命，暂腼然滥竽今职。亦惟思拾遗补阙，为无用之用，而事实上则与政治之关系日趋于疏远，更得闲者，则吾政治生涯之全部，且将中止矣。

夫以二十年习于此生涯之人，忽焉思改其度，非求息肩以自暇逸也，尤非有所愤恶而逃之也。吾自始本为理论的政谈家，其能勉为实行的政务家与否，原不敢自信，今以一年来所经历，吾一面虽仍确信，理论的政治，吾中国将来终不可以蔑弃；吾一面又确信，吾国今日之政治，万不容拘律以理论。而现在佐元首以实行今日适宜之政治者，其能力实过吾倍蓰。以吾参加于诸公之列，不能多有所助于其实行，亦犹以诸公参加于吾之列，不能多有所助于吾理论也。夫社会以分劳相济为宜，而能力以用其所长为贵。吾立于政治当局，吾自审虽早做夜思、鞠躬尽瘁，吾所能自效于国家者有几？夫一年来之效既可睹矣。吾以此日力，以此心力，转而用诸他方面，安见其所自效于国家者，不有以加于今日？然则还我初服，仍为理论的政谈家耶？以平昔好作政谈之人，而欲绝口不谈政治，在势固必不能自克；且对于时政得失而有所献替，亦言论家之通责，吾岂忍有所讳避？虽然，吾以二十年来几度之阅历，吾深觉政治之基础恒在社会，欲应用健全之政论，则于论政以前更当有事焉。而不然者，则其政论徒供刺激感情之用，或为剽窃干禄之资，无论在政治方面，在社会方面，皆可以生意外之恶影响，非直无益于国而或反害之。

故吾自今以往，不愿更多为政谈，非厌倦也。难之故慎之也。政谈且不愿多作，则政团更何有？故吾自今以往，除学问上或与二三朋辈结合讨论外，一切政治团体之关系，皆当中止，乃至生平最敬仰之师长，最亲习之友生，亦惟以道义相切劘，学艺相商榷；至其政治上之言论、行动，吾决不愿有所与闻，更不能负丝毫之连带责任。非孤僻也，人各有其见地，各有其所以自信者，虽以骨肉之亲，或不能苟同也。

夫身既渐远于政局，而口复渐稀于政谈，则吾之政治生涯，真中止矣。吾自今以往，吾何以报国者？吾思之，吾重思之，吾犹有一莫大之天职焉。夫吾固人也，吾将讲求人之所以为人者，而与吾人商榷之；吾固中国国民也，吾将讲求国民之所以为国民者，而与吾国民商榷之。人之所以为人，国民之所以为国民，虽若夫妇之愚可以与知乎，而吾国竟若有所未解，或且反其道恬不以为怪。质言之，则中国社会之堕落窳败，晦盲否塞，实使人不寒而栗。以智识才技之畸陋若彼，势必劣败于此物竞至剧之世，举全国而为饿殍；以人心风俗之偷窳若彼，势必尽丧吾祖若宗遗传之善性，举全国而为禽兽。在此等社会上而谋政治之建设，则虽岁变更其国体，日废置其机关，法令高与山齐，庙堂日昃不食，其亦易由致治，有蹙蹙以底于亡已耳！夫社会之敝，极于今日，而欲以手援天下，夫孰不知其难？虽然，举全国聪明才智之士，悉辏集于政界，而社会方面空无人焉，则江河日下，又何足怪？

吾虽不敏，窃有志于是，若以言论之力，能有所贡献于万一，则吾所以报国家之恩我者，或于是乎在矣！

（《饮冰室合集·文集之三十三》，第四册）

异哉所谓国体问题者

秋霖腹疾，一卧兼旬，感事怀人，百念灰尽，而户以外甚嚣尘上，喧然以国体问题闻。以厌作政谈如鄙人者，岂必更有所论列？虽然，独于兹事有所不容已于言也，乃作斯篇。

吾当下笔之先，有二义当为读者告：其一当知鄙人原非如新进耳食家之心醉共和，故于共和国体非有所偏爱，而于其他国体非有所偏恶。鄙人十年来夙所持论，可取之以与今日所论相对勘也。其二当知鄙人又非如老辈墨守家之断断争朝代，首阳蕨薇，鲁连东海，此个人各因其地位而谋所以自处之道则有然，若放眼以观国家尊荣危亡之所由，则一姓之兴替，岂有所择？先辨此二义，以读吾文，庶可以无蔽而适于正鹄也。

吾自昔常标一义以告于众，谓吾侪立宪党之政论家，只问政体，不问国体。骤闻者或以此为取巧之言，不知此乃政论家当恪守之原则，无可逾越也。盖国体之为物，既非政论家之所当问，尤非政论家之所能问。何以言乎不当问？当国体彷徨歧路之时，政治之一大部分恒呈中止之状态，殆无复政象之可言，而政论更安所丽？苟政论家而牵惹国体问题，故导之以入彷徨歧路，则是先自坏其立足之基础，譬之欲陟而捐其阶，欲渡而舍其舟也，故曰不当问也。何以言乎不能问？凡国体之由甲种而变为乙种，或由乙种而复变为甲种，其驱运而旋转之者，恒存夫政治以外之势力。其时机未至耶，绝非缘政论家之赞成所能促进；其时机已至耶，又绝非缘政论家之反对所能制止。以政论家而容喙于国体问题，实不自量之甚也，故曰不能问也。岂惟政论家为然，即实行之政治家亦当有然。常在现行国体基础之上，而谋政体政象之改进，此即政治家唯一之天职也。苟于此范围外越雷池一步，则是革命家或阴谋家之所为，非堂堂正正之政治家所当有之事也。其消极的严守之范围则既若是矣，其积极的进取之范围则亦有焉。在甲种国体之下为政治活动，在乙种反对国体之下仍为同样之政治活动，此不足成为政治家之节操问题。惟牺牲其平日政治上之主张，以售易一时政治上之地位，斯则成为政治家之节操问题耳。是故不问国体只问政体之一大义，实彻上彻下，而政治家所最宜服膺也。

夫国体本无绝对之美，而惟以已成之事实为其成立存在之根源；欲凭学理为主奴而施人为的取舍于其间，宁非天下绝痴妄之事？仅痴妄犹未足为深病也；惟于国体挟一爱憎之见，而以人为的造成事实，以求与其爱憎相应，则利害之中于国家将无已时。故鄙人生平持论，无论何种国体，皆非所反对；惟在现行国体之下，而思以言论鼓吹他种国体，则无论何时皆反对之。昔吾对于在君主国体之下而鼓吹共和者尝施反对矣，吾前后关于此事之辩论，殆不下二十万言，直至辛亥革命既起，吾于其年九月犹著一小册，题曰“新中国建设问题”，为最后维持旧国体之商榷。吾果何爱于其时之皇室者，彼皇室之僇辱我岂犹未极？苟微革命，吾至今犹为海外之僇民耳。后以当时皇室政治种种予人以绝望，吾非童骇，吾非聋聩，何至漫无感觉？顾乃冒天下之大不韪，思为彼亡垂绝之命，岂有他哉？以为若在当时现行国体之下，而国民合群策群力以图政治之改革，则希望之遂或尚有其期；旧国体一经破坏，而新国体未为人民所安习，则当骤然蜕变之，数年间，其危险苦痛将不可思议。不幸则亡国恒于斯，即幸而不亡，而缘此沮政治改革之进行，则国家所蒙损失，已何由可赎？呜呼！前事岂复忍道？吾请国中有心人，试取甲辰、乙巳两年《新民丛报》中之拙著一覆观之，凡辛亥迄今数年间，全国民所受之苦痛，何一不经吾当时层层道破？其恶现象循环迭生之程序，岂有一焉能出吾当时预言之外？然而大声疾呼，垂涕婉劝，遂终无福命以荷国民之嘉纳，而变更国体所得之结果，今则既若是矣！

今喘息未定，而第二次变更国体之议又复起。此议起因之真相何在，吾未敢深知。就表面观之，乃起于美国博士古德诺氏一席之谈话。古氏曾否有此种主张？其主张之意何在？亦非吾所敢深知（古氏与某英文报记者言，则谓并未尝有此主张云）。顾吾窃有惑者：古氏论中各要点，若对于共和君主之得失为抽象的比较，若论国体须与国情相适，若历举中美南美墨葡之覆辙，凡此诸义，本极普通，非有甚深微妙，何以国中政客如林，学士如鲫，数年之间，并此浅近之理论事实而无所觉识，而至今乃忽借一外国人之口以为重，吾实惑之。若曰此义非外国博士不能发明耶？则其他勿论，即如鄙人者，虽学识谫陋不逮古博士万一，然博士令兹之大著，直可谓无意中与我十年旧论同其牙慧，特其透辟精悍尚不及我十分之一、百分之一耳。此非吾妄自诗诞，坊间所行《新民丛报》《饮冰室文集》《立宪论与革命论之激战》《新中国建设问题》等，不下百数十万本，可覆按也。独惜吾睛不蓝，吾髯不赤，故吾之论宜不为国人所倾听耳。夫孰谓共和利害之不宜商榷，然商榷自有其时，当辛亥革命初起，其最宜商榷之时也，过此以往，则殆非复可以商榷之时也（湖口乱事继起，正式大总统未就任，列国未承认共和时，或尚有商榷之余地，然亦仅矣）。当彼之时，公等皆安在？当彼之时，世界学者比较国体得失之理论，岂无一著述足供参考？当彼之时，美墨各国岂皆太平宴乐，绝无惨状呈现，以资我龟鉴？当彼之时，迂拙愚戆如鄙人者，以羁泊海外之身，忧共和之不适，着论腾书，泪枯血尽（吾生平书札不存稿，今无可取证；然得吾书者当自知之。吾当时有诗云：“报楚志易得，存吴计恐疏。”又云：“兹括安可触，弛恐难复张。”又云：“让皇居其所，古训聊可式。”自余则有数论寄登群报也）。而识时务之俊杰，方日日以促进共和为事，谓共和为万国治安之极轨，谓共和为中国历史所固有也。呜呼！天下重器也，可静而不可动也，岂其可以翻覆尝试，废置如奕棋？谓吾姑且自埋焉，而预计所以自拍之也。譬诸男女婚媾，相攸伊始，宜慎之又慎，万不可孟浪以失身于匪人。倘蹈危机，则家族亲知，临事犯颜以相匡救，宜也。当前此饶有选择余地之时，漫置不省，相率怂恿，以遂苟合。及结褵已历年所，乃日聒于其旁曰，汝之所天，殊不足以仰望而终身也。爱人以德，宜如是耶？夫使共和而诚足以亡国也，则须知当公等兴高采烈以提倡共和促进共和之日，即为陷中国于万劫不复之时。谚有之：“既有今日，何必当初？”人生几何，造一次大罪孽犹以为未足，忍又从而益之也！夫共和之建，会几何时，而谋推翻共和者，乃以共和元勋为之主动；而其不识时务，犹稍致留恋于共和者，乃反在畴昔反对共和之人。天下之怪事，盖莫过是；天下之可哀，又莫过是也。

今之论者则曰：与其共和而专制，孰若君主而立宪。夫立宪与非立宪，则政体之名词也；共和与非共和，则国体之名词也。吾侪平昔持论，只问政体，不问国体。故以为政体诚能立宪，则无论国体为君主为共和，无一而不可也，政体而非立宪，则无论国体为君主为共和，无一而可也。国体与政体，本截然不相蒙。谓欲变更政体，而必须以变更国体为手段，天下宁有此理论？而前此论者谓君主决不能立宪，惟共和始能立宪（吾前此与革命党论战时，彼党持论如此）；今兹论者又谓共和决不能立宪，惟君主始能立宪，吾诚不知其据何种理论以自完其说也。吾今请先舆论者确定立宪之界说，然后徐察其论旨之能否成立。所谓立宪者，岂非必有监督机关与执行机关相对峙，而政权之行使常蒙若干之限制耶？所谓君主立宪者，岂非以君主无责任为最大原则，以建设责任内阁为必要条件耶？既认定此简单之立宪界说，则更须假定一事实以为论辩之根据。吾欲问论者以将来理想上之君主为何人？更质言之，则其人为今大总统耶？抑于今大总统以外而别熏丹穴以求得之耶？（今大总统不肯帝制自为，既屡次为坚决之宣言，今不过假定以资辩论耳，不敬之罪吾所甘受也）如曰别求得其人也，则将置今大总统于何地？大总统尽瘁国事既久，苟自为计者，岂不愿速释此重负，颐养林泉。试问我全国国民能否容大总统以自逸？然则将使大总统在虚君之下而组织责任内阁耶？就令大总统以国为重，肯降心相就，而以全国托命之身，当议会责任之冲，其危险又当何若？是故于今大总统以外别求得君主，而谓君主立宪即可实现，其说不能成立也。如曰即戴今大总统为君主也，微论我大总统先自不肯承认也，就令大总统为国家百年大计起见，甘自牺牲一切，以徇民望，而我国民所要求于大总统者，岂希望其做一无责任之君主？夫无责任之君主，欧美人常比诸受豢之肥脂耳，优美崇高之装饰品耳。以今日中国万急之时局，是否宜以如此重要之人，投诸如此闲散之地？藉曰今大总统不妨为无责任之君主也，而责任内阁之能否成立能否适用，仍是一问题。非谓大总统不能容责任内阁生存于其下也，现在国中欲求具此才能资望之人，足以代元首负此责者，吾竟苦未之见。盖今日凡百艰巨，非我大总统自当其冲，其谁能理？任择一人而使之代大总统负责，微论其才力不逮也，而威令先自不行。昔之由内阁制而变为总统制，盖适应于时势之要求，而起废之良药也。今后一两年间之时势，岂能有以大异于前？而谓国体一更，政制遂可随之翻然而改，非英雄欺人之言，即书生迂阔之论耳。是故假定今大总统肯为君主，而谓君主立宪即可实现，其说亦不能成立也。

然则今之标立宪主义以为国体论之护符者，除非其于立宪二字别有解释，则吾不敢言。夫前清之末叶，则固自谓立宪矣，试问论者能承认否？且吾欲问论者，挟何券约，敢保证国体一变之后，而宪政即可实行而无障？如其不然，则仍是单纯之君主论，非君主立宪论也。既非君主立宪，则其为君主专制，自无待言。不忍于共和之敝，而欲以君主专制代之，谓为良图，实所未解。今在共和国体之下而暂行专制，其中有种种不得已之理由，犯众谤以行之，尚能为天下所共谅。今如论者所规划，欲以立宪政体与君主国体为交换条件，使其说果行，则当国体改定伊始，势必且以实行立宪宣示国民。宣示以后，万一现今种种不得已之理由者依然存在，为应彼时时势之要求起见，又不得不仍行专制，吾恐天下人遂不复能为元首谅矣。夫外蒙立宪之名，而内行非立宪之实，此前清之所以崩颓也。诗曰："殷鉴不远，在夏后之世。"论者其念诸！

且论者如诚以希求立宪为职志也，则曷为在共和国体之下不能遂此希求，而必须行曲以假途于君主？吾实惑之。吾以为中国现在不能立宪之原因，盖有多种：或缘夫地方之情势，或缘夫当轴之心理，或缘夫人民之习惯与能力。然此诸原因者，非缘因行共和而始发生，即不能因非共和而遂消灭。例如上自元首，下及中外大小独立宜署之长官，皆有厌受法律束缚之心，常感自由应付为便利，此即宪政一大障碍也。问此于国体之变不变，有何关系也？例如人民绝无政治兴味，绝无政治知识，其道德及能力，皆不能组织真正之政党，以运用神圣之议会，此又宪政一大障碍也。问此于国体之变不变，有何关系也？诸类此者，若令吾悉数之，将累数十事而不能尽；然皆不能以之府罪于共和，甚章章也。而谓共和时代不能得者，一人君主时代即能得之，又谓君主时代能得者，共和时代决不能得之，以吾之愚，乃百思不得其解。吾以为中国而思实行立宪乎，但求视新约法为神圣，字字求其实行，而无或思逐于法外。一面设法多予人民以接近政治之机会，而毋或壅其智识，阏其能力，挫其兴味，坏其节操，行之数年，效必立见。不此之务，而徒以现行国体为病，此朱子所谓不能使船嫌溪曲者也。

主张变更国体者最有力之论据，则谓当选举总统时，易生变乱。此诚有然。吾十年来不敢轻于附和共和，则亦以此。论者如欲自伸其现时所主张以驳诘我，吾劝其不必自行属稿，不如转录吾旧著，较为痛快详尽也。今幸也兹事既已得有比较的补救良法，盖新颁之大总统选举法，事实上已成为终身总统制，则令大总统健在日之此种危险问题自未由发生，所忧者乃在今大总统千秋万岁后事耳。夫此事则岂复国民所忍言？然人生血肉之躯，即上寿亦安能免？固无所容其忌讳。今请遂为毋讳之言：吾以为若天佑中国，今大总统能更为我国尽瘁至十年以外，而于其间整饬纪纲，培养元气，固结人心，消除隐患，自兹以往，君主可也，共和亦可也。若昊天不吊，今大总统创业未半，而遽夺诸国民之手，则中国惟有糜烂而已，虽百变其国体，夫安有幸？是故中国将来乱与不乱，全视乎今大总统之寿命，与其御宇期内之所设施；而国体无论为君主为共和，其结果殊无择也。闻者犹有疑乎？请更穷极事理以质言之。夫君主共和之异，则亦在元首继承法而已。此种继承法，虽今元首在世时制定之，然必俟今元首即世时而始发生效力，至易见也。彼时所发生之效力，能否恰如所期，则其一当视前元首生前之功德威信能否及于身后，其二当视被时有无枭雄跋扈之人，其人数之多寡，其所凭借是否足以持异议。吾以为立此标准以测将来，无论为君主为共和，其结果常同一也。现行大总统选举法，规定后任大总统应由前任大总统推荐，预书其名，以藏诸石室金匮。使今大总统一面崇闳其功德，而巩固其威信，令国人心悦诚服，虽百世之后，犹尊重其遗令而不忍悖；一面默察将来易于酿乱之种子在何处，思所以预防维而消弭之。其种子存乎制度上耶？则改其制度，毋使为野心家之资；其种子存乎人耶？则裁抑其人，导之以正，善位置而保全之，毋使陷于不义（汉光武宋太祖优待功臣之法）。更一面慎择可以付托大业之人（依大总统选举法，无论传贤传子，纯属前任大总统之自由也），试以大任以养其望，假以实力以重其成，金匮中则以其名裒然居首，而随举不足重轻之二人以为之副而已。如是则当启匮投票之时，岂复有丝毫纷争之余地？代代总统能如是，虽行之数百年不敝可也。而不然者，则区区纸片上之皇室典范，抑何足恃？试历览古来帝王家之掌故，其陈尸在堂，操戈在阙者，又何可胜数。从可知国家安危治乱之所伏固别有在，而不在宪典形式之共和君主明矣。论者盛引墨西哥之五总统争立，及中美南美葡萄牙之丧乱，以为共和不如君主之铁证。推其论旨，得毋谓此诸国者，苟变其国体为君主，而丧乱遂可以免也？吾且诘彼：彼爹亚士之统治墨西哥三十年矣，而今岁五月（月份记不确）始客死于外。使因总统继承问题而致乱，则乱宜起于今年耳。若谓国体果为君主，斯可以毋乱，且使爹亚士当三十年前而有如古德诺者以为之提示，有如筹安会者以为之鼓吹，而爹氏亦憬然从之，以制定其皇室典范，则墨人宜若可以长治久安与天同寿矣；而岂知苟尔尔者，则彼之皇室典范未至发生效力时，彼自身先已逊荒于外，其皇室典范犹废纸也。夫及身犹不能免于乱，而谓死后恃一纸皇室典范可以已乱，五尺之童有以知其不然矣。故墨西哥之必乱，无论为共和为君主，其结果皆同一也。所以者何？爹亚士假共和之名，行专制之实，在职三十年，不务培养国本，惟汲汲为固位之计，拥兵自卫，以劫持其民。又虑军队之骄横，常挑间之，使互相反目，以遂己之操纵。摧锄异己，惟力是视。其对于爱国之士，或贿赂以变其节，或暗杀以戕其生。又好铺张门面，用财如泥，外则广借外债，内则横征暴敛，以致民穷财尽，无可控诉。吾当十年前，尝评爹氏为并时无两之怪杰，然固已谓彼死之后，洪水必来，墨民将无噍类矣（此皆吾十年前评爹氏之言，尝见于《新民丛报》及《新大陆游记》，非今日于被败后而始非訾之也。吾友汤觉顿亦尝著一文述爹氏之政治罪恶，其言尤为详尽，见《国风报》；汤文出版时，墨乱方始起也）。由爹氏之道以长国家，幸而托于共和之名，犹得窃据三十年，易以君主，恐其亡更早矣。中美南美诸国亦然，历代总统皆以武力为得位之阶梯，故武力相寻无已时。共和不适，固不失为致乱之一原因；若谓此为唯一之原因，吾有以明其不然矣。若葡萄牙改共和后不免于乱，斯固然也。然彼非因乱又何以成共和？前此乱时，其国体非君主耶？谓共和必召乱，而君主即足以致治，天下宁有此论理？波斯非君主国耶？土耳其非君主国耶？俄罗斯非君主国耶？试一翻其近数十年之历史，不乱者能有几稔？彼曾无选举总统之事，而亦如此，则何说也？我国五胡十六国、五代十国之时，亦曾无选举总统之事，而丧乱惨酷一如墨美，则又何说也？凡立论者，征引客观之资料，不能尊凭主观的爱憎以为去取。果尔者，不能欺人，徒自蔽耳。平心论之，无论何种国体，皆足以致治，皆足以致乱。治乱之大原，什九恒系于政象，而不系于国体。而国体与国情不相应，则其导乱之机括较多且易，此无可为讳也。故鄙人自始不敢妄倡共和，至今仍不敢迷信共和，与公等有同情也。顾不敢如公等之悍然主张变更国体者，吾数年来怀抱一种不能明言之隐痛深恸，常觉自辛亥、壬子之交铸此一大错，而中国前途之希望，所余已复无几。盖既深感共和国体之难以图存，又深感君主国体之难以规复，是用怵惕彷佛，忧伤憔悴，往往独居深念，如发狂痫。特以举国人方皆心灰意尽，吾何必更增益此种楚囚之态？故反每作壮语，以相煦沫。然吾力已几于不能自振矣！

吾友徐佛苏当五六年前常为我言，谓："中国势不能不革命，革命势不能不共和，共和势不能不亡国。"吾至今深味其言；欲求所以祓此妖谶者，而殊苦无术也。夫共和国体之难以图存，公等当优能言之矣；吾又谓君主国体之难以规复者，则又何也？盖君主之为物，原赖历史习俗上一种似魔非魔的观念以保其尊严；此种尊严自能于无形中发生一种效力，直接间接以镇福此国。君主之可贵，其必在此。虽然尊严者不可亵者也，一度亵焉，而遂将不复能维持。譬诸范雕土木偶，名之日神，升诸闳殿，供诸华笼，群相礼拜，灵应如响；忽有狂生拽倒而践踏之，投诸溷腧，经旬无朕，虽复升取以重入殿笼，而其灵则已渺矣。自古君主国体之国，其人民之对于君主，恒视为一种神圣，于其地位，不敢妄生言思拟议。若经一度共和之后，此种观念遂如断者之不可复续。试观并世之共和国，其不患苦共和者有几，而遂无一国焉能有术以脱共和之轭。就中惟法国共和以后，帝政两见，王政一见，然皆不转瞬而覆也，则由共和复返于君主其难可想也。我国共和之日，虽曰尚浅乎，然酝酿之则既十余年，实行之亦既四年。当其酝酿也，革命家丑诋君主，比诸恶魔，务以减杀人民之信仰，其尊严渐亵，然后革命之功乃克集也。而当国体骤变之际与既变之后，官府之文告，政党之宣言，报章之言论，街巷之谈说，道及君主，恒必以恶语冠之随之，盖尊神而人溷腧之日久矣。今微论规复之不易也；强为规复，欲求畴昔尊严之效，岂可更得？复次，共和后规复君主，以旧王统复活为势最顺。使前清而非有种族嫌疑，则英之查理第二，法之路易第十八，原未尝不可出现于我国；然满洲则非其伦也。若新建之皇统，则非经若干年之艰难缔构，功德在民，其克祈永命者希矣。是故吾数年来独居深念，亦私谓中国若能复返于帝政，庶易以图存而致强。而欲帝政之出现，惟有二途：其一则今大总统内治修明之后，百废俱兴，家给人足，整军经武，尝胆卧薪，遇有机缘，对外一战而霸，功德巍巍，仪兆敦迫，受兹大宝，传诸无穷。其二则经第二次大乱之后，全国鼎沸，群雄割据，剪灭之余，乃定于一。夫使出于第二途耶，则吾侪何必作此祝祷？果其有此，中国之民无子遗矣；而戡定之者，是否为我族类，益不可知，是等于亡而已。独至第一途，则今正以大有为之人居可有为之势，稍假岁月，可冀旋至，而立有效。中国前途一线之希望，岂不在是耶？故以谓吾侪国民之在今日，最宜勿生事以重劳总统之仅虑，俾得专精壹虑，为国家谋大兴革，则吾侪最后最大之目的，庶几有实现之一日。今年何年耶？今日何日耶？大难甫平，喘息未定；强邻胁迫，吞声定盟；水旱疠蝗，灾区偏国，嗷鸿在泽，伏莽在林。在昔哲后，正宜撤悬避殿之时，今独何心，乃有上号劝进之举？夫果未熟而摘之，实伤其根；孕未满而催之，实戕其母。吾畴昔所言，中国前途一线之希望，万一以非时之故，而从兹一蹶，则倡论之人，虽九死何以谢天下？愿公等慎思之。

诗曰："民亦劳止，汔可小息。"自辛亥八月迄今未盈四年，忽而满洲立宪，忽而五族共和，忽而临时总统，忽而正式总统，忽而制定约法，忽而修改约法，忽而召集国会，忽而解散国会，忽而内阁制，忽而总统制，忽而任期总统，忽而终身总统，忽而以约法暂代宪法，忽而催促制定宪法。大抵一制度之颁行之平均不盈半年，旋即有反对之新制度起而摧翻之，使全国民彷徨迷惑，莫知适从，政府威信，扫地尽矣。今日对内对外之要图，其可以论列者不知凡几。公等欲尽将顺匡救之职，何事不足以自效？何苦无风鼓浪，兴妖作怪，徒淆民视听，而诒国家以无穷之戚也！

吾言几尽矣，惟更有一二义宜为公等忠告者：公等主张君主国体，其心目中之将来君主为谁氏，不能不求公等质言之。若欲求诸今大总统以外耶？则今大总统朝甫息肩，中国国家暮即属纩，以公等之明，岂其见不及此？见及此而犹作此阴谋，宁非有深仇积恨于国家，必绝其命而始快？此四万万人所宜共诛也。若即欲求诸今大总统耶？今大总统即位宣誓之语，上以告皇天后土，下则中外含生之俦实共闻之。年来浮议渐兴，而大总统偶有所闻，辄义形于色，谓无论若何敦迫，终不肯以夺志。此凡百僚从容瞻觐者所常习闻，即鄙人固亦历历在耳。而冯华甫上将且为余述其所受诰语，谓已备数椽之室于英伦，若国民终不见舍，行将以彼土作汶上。由此以谈，则今大总统之决心可共见也。公等岂其漫无所闻，乃无端而议此非常之举耶？设念及此，则侮辱大总统之罪，又岂擢发可数？此亦四万万人所宜共诛也。

复次，公等曾否读约法？曾否读暂行刑律？曾否读结社集会法？曾否读报律？会否读一年来大总统关于淆乱国体惩儆之各申令？公等又曾否知为国民者应有恪遵宪典法令之义务？乃公然在辇毂之下，号召徒众，煽动革命（凡谋变更国体则谓之革命，此政治学之通义也）。执法者惮其贵近，莫敢谁何；而公等乃益白尽横行，无复忌惮。公等所筹将来之治安如何，吾不敢知；而目前之纪纲，则既被公等破坏尽矣。如曰无纪纲而可以为国也，吾复何言；如其否也，则请公等有以语我来。且吾更有愿为公等进一解者，公等之倡此议，其不愿徒托诸空言甚明也，其必且希望所主张者能实见施行。更申言之，则希望其所理想之君主国体，一度建设，则基业永固，传诸无穷也。夫此基业果遵何道始能永固以传诸无穷？其必自国家机关令出惟行，朝野上下守法如命。今当开国承家伊始，而首假途于犯法之举动以为资，譬诸欲娶妇者，横挑人家闺闼以遂苟合，日但求事成而节操可毋沾沾也；则其既为吾妇之后，又有何词以责其不贞者？令在共和国体之下，而日可以明目张胆集会结社以图推翻共和；则他日在君主国体之下，又曷为不可以明目张胆集会结社以图推翻君主？使其时复有其他之博士提出别种学说，有其他之团体希图别种活动，不知何以待之？诗曰："毋教猱升木，如涂涂附。"谋国者而出于此，其不智不亦甚耶？孟子曰："君子创业垂统，为可继也。"以不可继者诏示将来，其不祥不亦甚耶？昔干令升作《晋纪总论》，推原司马氏丧乱之由，而欢其创基植本异于三代。陶渊明之诗亦曰："本不植高原，今日复何悔？"呜呼！吾观于今兹之事，而隐忧乃无极也。

附言：吾作此文既成后，得所谓筹安会者寄示杨度氏所著《君宪救国论》，偶一翻阅，见其中有数语云："盖立宪者，国家有一定之法制，自元首以及国人，皆不能为法律外之行动。贤者不能逾法律而为善，不肖者亦不能逾法律而为恶。"深叹其于立宪精义，能一语道破。惟吾欲问杨氏所长之筹安会，为法律内之行动耶？抑法律外之行动耶？杨氏贤者也，或能自信非逾法律以为恶，然得毋已逾法律以为善耶？呜呼！以昌言君宪之人，而行动若此，其所谓君宪者，从可想耳，而君宪之前途，亦从可想耳。

孟子曰："予岂好辩哉？予不得已也。"以生平只问政体不问国体如鄙人者，曷为当前此公等第一次主张变更国体时而哓哓取厌？当今日公等第二次主张变更国体时而复哓哓取厌？夫变更政体，则进化的现象也，而变更国体，则革命的现象也。进化之轨道恒继之以进化，而革命之轨道恒继之以革命，此征诸学理有然，征诸各国前事亦什九皆然也。是故凡谋国者必惮言革命，而鄙人则无论何时皆反对革命，今日反对公等之君主革命论，与前此反对公等之共和革命论，同斯职志也。良以中国今日当元气凋敝及汲顾影之时，竭力栽之犹惧不培，并日理之犹惧不给，岂可复将人才日力耗诸无用之地，日扰扰于无足重轻之国体，而阻滞政体改革之进行？徒阻滞进行，犹可言也；乃使举国人心惶惶，共疑骇于此种翻云覆雨之局，不知何时焉而始能税驾，则其无形中之斫丧，所损失云何能量？诗曰：“嗟我兄弟，邦人诸友，莫肯念乱，谁无父母！”呜呼！论者其念之哉，其念之哉！

（《饮冰室合集·专集之三十三》，第八册）

上袁大总统书

大总统钧鉴：前奉温谕，冲挹之怀，悱挚之爱，两溢言表。私衷感激，不知所酬，即欲竭其愚诚，有所仰赞，既而复思简言之耶，不足以尽怀；详言之耶，则万机之躬似不宜哓渎，以劳清听。且启超所欲言者，事等于忧天，而义存于补阙，诚恐不蒙亮察，或重咎尤，是用吮笔再三，欲陈辄止。会以省亲南下，远睽国门，瞻对之期，不能预计，缅怀平生知遇之感，重以方来世变之忧，公义私情，两难恝默，故敢卒贡其狂愚，惟大总统垂察焉。

国体问题已类骑虎，启超良不欲更为谏沮，益蹈愆嫌。惟静观大局，默察前途，愈思愈危，不寒而栗。友邦责言，党人构难，虽云纠葛，犹可维防，所最痛忧者，我大总统四年来为国尽瘁之本怀，将永无以自白于天下，天下之信仰自此隳落，而国本即自此动摇。传不云乎：“与国人交，止于信。”信立于上，民自孚之，一度背信，而他日更欲有以自结于民，其难犹登天也。明誓数四，口血未干，一旦而所行尽反于其所言，后此将何以号令天下？民将曰，是以义始，而以利终，率其趋利之心，何所不至，而吾侪更何所托命者？夫我大总统本无利天下之心，启超或能信之，然何由以尽喻诸逖听之小民？大总统高拱深宫，所接见者惟左右近习将顺意旨之人，方且饰为全国一致拥戴之言，相与徼功取宠。而岂知事实乃适相反。即京朝士大夫燕居偶语，涉及兹事，类皆出以嘲谐轻嘘，而北京以外之报纸，其出辞乃至不可听闻。山陬海澨，闾阎市廛之民，则皆日惶惶焉，若大乱之即发于旦夕。夫使仅恃威力而可以祚国也，则秦始、隋炀之胤，宜与天无极；若威力之外犹须恃人心以相维系者，则我大总统今日岂可瞿然自省，而毅然自持也哉？或谓既张皇于事前，忽疑沮于中路，将资姗笑，徒损尊严。不知就近状论之，则此数月间之营营扰扰，大总统原未与闻，况以实录证之，则大总统敝屣万乘之本怀，既皦然屡矢于天日，今践高洁之成言，谢非义之劝进，盖章盛德，何嫌何疑！或又谓兹议之发，本自军人，强拂其情，惧将解体。

启超窃以为军人服从元首之大义，久已共明，夫谁能以一己之虚荣，陷大总统于不义？但使我大总统开诚布公，导之轨物，义正词严，谁敢方命！若今日以民国元首之望，而竟不能辍陈桥之谋，则将来虽以帝国元首之威，又岂必能弭渔阳之变？倒阿授柄，为患且滋，我大总统素所训练蓄养之军人，岂其有此。昔人有言，凡举事无为亲厚者所痛，而为见仇者所快。今也水旱频仍，殃灾洊至，天心示警，亦已昭然；重以吏治未澄，盗贼未息，刑罚失中，税敛繁重，祁寒暑雨，民怨沸腾。内则敌党蓄力待时，外则强邻狡焉思启。我大总统何苦以千金之躯，为众矢之鹄，舍磐石之安，就虎尾之危，灰葵藿之心，长萑苻之志？启超诚愿我大总统以一身开中国将来新英雄之纪元，不愿我大总统以一身作中国过去旧奸雄之结局；愿我大总统之荣誉与中国以俱长，不愿中国之历数随我大总统而斩。是用椎心泣血，进此最后之忠言，明知未必有当高深，然心所谓危而不以闻，则其负大总统也滋甚。见见知罪，惟所命之。

抑启超犹有数言欲忠告于我大总统者：立国于今世，自有今世所以生存之道，逆世界潮流以自封，其究必归于淘汰，愿大总统稍捐复古之念，力为作新之谋。法者上下所共信守，而后能相维于不敝者也，法令一失效力，则民无所措手足，而政府之威信亦隳。愿大总统常以法自绳，毋导吏民以舞文之路。参政权与爱国心关系至密切，国民不能容喙于政治，而欲其与国家同体休戚，其道无由！愿大总统建设真实之民意机关，涵养自由发抒之舆论，毋或矫诬遏抑，使民志不伸，翻成怨毒。中央地方犹枝与干，枝条尽从凋悴，本干岂能独荣？愿大总统一面顾念中央威权，一面仍留地方发展之余地。礼义廉耻，是谓四维，四维不张，国乃灭亡。使举国尽由妾妇之道，威逼利诱，靡然趋炎，则国家将何以与立？愿大总统提倡名节，奖励廉隅，抑贪竞之鄙夫，容骨鲠之善类，则国家元气不尽销磨，而缓急之际犹或有恃矣。以上诸节，本属常谈，以大总统之明，岂犹见不及此？顾犹拳拳致词者，在启超芹曝之献，未忍遏其微诚；在大总统药石之投，应不厌于常御。伏维采纳，何幸如之。去阙日远，趋觐无期，临书悯怆，墨与泪俱。专请钧安，尚祈慈鉴。

（《饮冰室合集·文集之三十四》，第四册）

国体战争躬历谈

自去年帝制问题发生，无端酿成国内战争，实国家至不祥之事也。今共和国体之所以复能维持，实赖全国各部分人戮力拥护，非一手一足之为烈也。惟鄙人于兹役，实始终其事，于内幕知之颇详。《大陆报》主人将于双十节发行增刊为我国庆祝，征余记事之文。因举亲所经历较亲切者，口授记者，记之云尔。

一、帝制问题之经过

帝制问题之发生，其表面起于古德诺之论文及筹安会，实则酝酿已久，而主动者实由袁氏父子及其私人数辈，于全国军人官吏无与，于全国国民更无与也。先是去年正月袁克定忽招余宴，至则杨度先在焉。谈次历诋共和之缺点，隐露变更国体求我赞同之意。余为陈内部及外交上之危险。语既格格不入，余知祸将作，乃移家天津，旋即南下，来往于广东上海间。而冯将军国璋遣人来言，谓此问题已有发动之兆，相约入京力争。六月遂北行，住京旬余，晤袁氏数次。袁氏语我及冯将军，皆矢誓不肯为帝，其言甚恳切。冯将军据以宣布于各报，谓此议可暂寝矣。乃仅阅一月，遂有筹安会之事。筹安会发起后一星期，余乃著一文，题曰《异哉所谓国体问题者》。其时亦不敢望此文之发生效力，不过因举国正气消亡，对于此大事无一人敢发正论，则人心将死尽，故不顾利害生死为全国人代宣其心中所欲言之隐耳。当吾文草成，尚未发印，袁氏已有所闻，托人贿我以十万元，令勿印行。余婉谢之，且将该文录寄袁氏。未几，袁复遣人来以危词胁喝，谓君亡命已十余年，此种况味，亦既饱尝，何必更自苦。余笑曰："余诚老于亡命之经验家也。余宁乐此，不愿苟活于此浊恶空气中也。"来者语塞而退。观袁氏之所以待我者如是，可以知当时各省劝进之文，及北京各报馆鼓吹之论，皆由利诱威逼而来，无一出自本心也。其时余尚有数函致袁氏，苦词力谏，袁遂不听。但袁方欲收揽人心，不肯兴大狱。余亦居天津租界中，未一次入京，故袁亦无从加害于余，然侦探固日日包围于吾侧也。

二、云贵首义

云贵首义之中心人物蔡将军锷者，时方在京师。蔡君十三岁时即从余就学。当民国二年辞去云南都督之职，即来京师，与余日夕过从。当筹安会发生之次日，蔡君即访余于天津，共商大计。余曰："余之责任在言论，故余必须立刻作文堂堂正正以反对之。君则军界有大力之人也，宜深自韬晦，勿为所忌，乃可以密图匡复。"蔡君韪其言，故在京两月，虚与委蛇，使袁氏无复疑忌。一面密电云贵两省军界，共商大义。又招戴君戡来京面商。戴君者，当时甫辞贵州巡按之职，后此随蔡君转战四川，前月经黎总统任为四川省长者也。戴君以去年十月到京，乃与蔡君定策于吾天津之寓庐，后此种种军事计划，皆彼时数次会谈之结果也。时决议云南于袁氏下令称帝后即独立，贵州则越一月后响应，广西则越两月后响应。然后以云贵之力下四川，以广西之力下广东。约三四个月后，可以会师湖北，底定中原：此余与蔡、戴两君在津之成算也。其后因有事故障碍，虽不能尽如前策，然大端则如所预定也。议既定，蔡、戴两君先后南下。蔡君临行时托病，谓须往日本疗养，夜间自余家易装以行。戴君则径往香港。余于两君行后，亦潜赴上海。余到上海，实十二月十八日也。而蔡、戴两君亦以十九日到云南。

余辈在津原订计划，欲由云南潜运军队到四川境后，乃始宣布独立。二十一日余在上海得蔡君电，谓二十三日前队出发，出发二十日然后发表独立之公文，此正在津原议也。而余当时以别种理由由南京发一电，促其早发。且蔡、戴既到滇，滇局亦不能久持秘密，故二十六日遂揭晓。后此在四川与北军相持，死伤甚多，未始非由揭晓太速之故也。

三、两广独立及军务院之设置

广西陆将军荣廷，自帝制初发生，即持反对态度。云南起义以前，久已秘密预备，特缘地势关系，发之不能太骤。及云南军在四川与袁军相持，事趋危急，陆君乃崛起以促时局之解决。当时两军成败，间不容发，广西独立，实兹役最重要之枢纽也。余自云南初起时，即在沪专务鼓吹舆论，联络各省。至今年二月下旬，陆君乃遣人来迎余入广西，谓俟余至，乃宣布独立。余闻命即行。但当时广东之龙济光，方出全力以为袁氏爪牙，余欲冒险经广东以赴广西，同志皆以为不可。乃不得不取道于安南。然往安南须有粘贴相片之护照，吾无术以得之，于是不得不为犯法之举，以从事偷渡。时同行六人，恐被注目，乃悉遣散，仅偕一友行。转船数次，乃抵海防。海防及其附近一带铁路，袁政府侦探四布。余之行程又已为北京所知，截探特严。余乃避匿山中十日，不乘铁路，而间道行入镇南关。既至，则广西已独立矣。陆君迎余于南宁。余与陆君前此虽常通音信，直至此时乃识面也。未几广东受广西之压迫，及经同人之游说，亦相继独立。然非龙济光之本意，故粤中情形极为不稳。陆君与余乃由广西率兵东下，助彼维持，及梧州而闻海珠之变，吾挚友汤觉顿死焉。汤觉顿者，前中国银行总裁，中国银行规模皆其手定。去年因与袁氏政见不合辞职，从余于上海，复从余入广西。此次为广西代表，往劝龙济光独立者也。而龙之将校乃戕之于会议席上。广东之局益岌岌矣，余等遂暂留肇庆以观变。

余与蔡君在天津密谋时，曾议俟云贵两广独立，观形势如何，即先组织一临时政府，戴黎公元洪为总统。盖袁氏既以叛国失去大总统资格，依约法当由黎公继任也。至是余乃草拟军务院条例及各项宣言，联合各独立省宣布之，而军务院行署则暂设于广东。维时袁氏军以全力谋攻我独立各省。云贵相持日久，力已疲竭，广西军不能不亟图进取。陆公遂率大军出湖南，留数千人驻肇庆以卫粤而已。而龙济光为袁党所运动，常有取消独立之心。余恐其有变，牵动大局，乃单身入广东省城，晓以利害，坚其盟约。时方经海珠事变之后，余此行甚危，余明知之，然为大局计，不得不冒险一行。既至粤城，小留三日，及将行时，而龙之将校复以兵胁余。余从间道行，仅乃得免。

两广局面既略定，余乃复出上海，欲为他方面之活动，及抵上海而闻余父之丧。盖当吾问道入广西时，不幸而余最爱之老父病殁于香港。余之朋友以余方在军中，责任不轻，匿丧不使余知。呜呼！吾此行无丝毫补益于国，而徒以此不能尽人子之职，吾之罪永劫莫赎也。吾闻丧昏迷，遂不忍复与闻国事矣。

四、袁世凯之死去及国体恢复

广东独立未久浙江独立。及余复到上海时，陕西湖南四川复相继独立。于是独立者既有八省，而南京之冯将军国璋复联长江各省暗为主持，大局已略定矣。五月下旬冯将军开会议于南京，谋劝袁氏退位。袁氏执迷不悟，南北之局渐有大破裂之势。当事机极险急之时，袁氏忽然死去。于是黎公遵依约法继任，段将军祺瑞组织内阁以辅之，国势遂大定，此实天之佑我中国也。及约法既复，国会既开，南方军务院即同时撤销。余此次经手事业亦完结矣。今一部分之军人与新进之民党虽小有差池，然此实过渡时代应有之现象，不足为深忧，要之此后我国之共和政治必日趋巩固，可断言也。当在天津与蔡君共谋举义时，曾相约曰：今兹之役若败，则吾侪死之，决不亡命；幸而胜，则吾侪退隐，决不立朝。盖以近年来国中竞争权利之风太盛，吾侪任事者宜以身作则以矫正之。且吾以为中国今后之大患在学问不昌，道德沦坏，非从社会教育痛下工夫，国势将不可救。故吾愿献身于此，觉其关系视政治为尤重大也。今蔡君既以养病闲居，吾亦将从事于吾历年所经营之教育事业，且愿常为文字以与天下相见。若能有补国家于万一，则吾愿遂矣。

（《饮冰室合集·专集之三十三》，第八册）

论中西之优劣

梁任公先生近自欧洲归国，适上海中国公学恢复后第二次开学，遂开会以欢迎之。梁先生即席演说，主张发挥固有的民本精神，以矫欧洲代议制度及资本主义之流弊，颇足为国人当头棒喝。兹录其词如次。

鄙人对于校中任事诸人皆为道义交，可谓精神上久已结合一致，惟自己未曾稍尽义务为可愧耳。此次游欧，为时短而历地多，故观察亦不甚清切。所带来之土产，因不甚多，惟有一件可使精神受大影响者，即将悲观之观念完全扫清是已。因此精神得以振作，换言之，即将暮气一扫而空。此次游欧所得止此。何以能致此？则因观察欧洲百年来所以进步之故，而中国又何以效法彼邦而不能相似之故，鄙人对于此点有所感想。考欧洲所以致此者，乃因其社会上、政治上固有基础而自然发展以成者也。其固有基础与中国不同，故中国不能效法。欧洲在此百年中，可谓在一种不自然之状态中，亦可谓在病的状态中。中国效法此种病态，故不能成功。

第一以政治论。例如代议制，乃一大潮流，亦十九世纪唯一之宝物，各国皆趋此途，稍有成功，而中国独否。此何故？盖代议制在欧洲确为一种阶级，而在中国而无此可能性。盖必有贵族地主，方能立宪，以政权集中于少数贤人之手，以为交付于群众之过渡。如英国确有此种少数优秀之人，先由贵族扩至中产阶级，再扩至平民，以必有阶级始能次第下移，此少数人皆有自任心。日本亦然，以固有阶级之少数优秀代表全体人民。至于中国则不然。自秦以来，久无阶级，故欲效法英日，竟致失败，盖因社会根底完全不同故也。中国本有民意政治之雏形，全国人久已有舆论民主之印象。但其表示之方法则甚为浑漠为可憾耳。如御史制度，即其一例。其实自民本主义而言，中国人民向来有不愿政府干涉之心，亦殊合民本主义之精神。对于此种特性不可漠视。往者吾人徒做中央集权之迷梦，而忘却此种固有特性。须知集权与中国民性最不相容，强行之，其结果不生反动，必生变态，此所以吾人虽欲效法欧洲而不能成功者也。但此种不成功果为中国之不幸乎，抑幸乎？先以他国为喻。如日德，究竟其效法于英者，为成功欤，抑失败欤？日本则因结果未揭晓，悬而勿论。且言德国。其先本分两派，一为共和统一派，一为君主统一派，迨俾斯麦出，君主统一乃成。假定无俾氏，又假定出于共和统一之途，吾敢断言亦必成功，特不过稍迟耳；又假定其早已采用民本主义，吾敢决其虽未能发展如现在之速，然必仍发达如故。则可见此五十年乃绕道而走，至今仍须归原路，则并非幸也可知矣。总之德国虽学英而成，然其价值至今日则仍不免于重新估定。如中国虽为学而失败者，然其失败未必为不幸。譬如一人上山，一人走平地，山后无路，势必重下，而不能上山者，则有平路可走。可知中国国民，此次失败，不过小受波折，固无伤于大体，且将来大有希望也。

第二论社会亦然。中国社会制度颇有互助精神。竞争之说，素为中国人所不解，而互助则西方人不甚了解。中国礼教及祖先崇拜，皆有一部分为出于克己精神与牺牲精神者。中国人之特性不能抛弃个人享乐，而欧人则反之。夫以道德上而言，决不能谓个人享乐主义为高，则中国人之所长，正在能维持社会的生存与增长。故中国数千年来经外族之蹂躏，而人数未尝减少。职此之故，因此吾以为不必学他人之竞争主义，不如就固有之特性而修正扩充之也。

第三论经济。西方经济之发展，全由于资本主义，乃系一种不自然之状态，并非合理之组织。现在虽十分发达，然已将趋末路，且其积重难返，不能挽救，势必破裂。中国对于资本集中，最不适宜，数十年来欲为之效法，而始终失败。然此失败，未必为不幸。盖中国因无贵族地主，始终实行小农制度。此种小农制度，法国自革命后始得之，俄之多数派亦主张此制，而中国则固有之。现代经济皆以农业为经济基础，则中国学资本主义而未成，岂非大幸？将来大可取新近研究所得之制度而采用之。鄙人觉中国之可爱，正在此。

总之，吾人当将固有国民性发挥光大之，即当以消极变为积极是已。如政治本为民本主义，惜其止在反对方面，不在组织方面；社会制度本为互助主义，亦惜止限于家庭方面，若变为积极，斯佳矣。鄙人自做此游，对于中国，甚为乐观，兴会亦浓，且觉由消极变积极之动机，现已发端。诸君当知，中国前途绝对无悲观，中国固有之基础，亦最合世界新潮，但求各人自高尚其人格，励进前往，可也。以人格论，在现代，以列宁为最，其刻苦之精神，其忠于主义之精神，最足以感化人，完全以人格感化全俄，故其主义能见实行。惟俄国国民性为极端，与中国人之中庸性格不同。吾以为中国人亦非设法调和不可，即于思想当为彻底解放，而行为则当踏实，必自立在稳当之地位。学生诸君当人人有自任心，极力从培植能力方面着想，总须将自己发展到圆满方可。对于中国不必悲观，对于自己则设法养成高尚人格，则前途诚未可量也。

（《梁任公先生年谱长编》）

护国之役回顾谈

诸君，今日是护国军在云南起义恢复共和的日子，学校里都停课纪念。诸君因为我和这件事有点关系，请我来这里讲演，我很感谢诸君的盛情。唉，这件事现在已成为一段历史了，和这段历史有关系的人亲自来讲这段历史，听的人自然亲切有味。却是可怜，这段历史是伤心历史，我这个在历史里头凑脚色的人，好比带着箭伤的一匹小鹿，那枝箭不摇它倒还罢了，摇起来便痛彻肝肠。因为这段历史，是由好几位国中第一流人物而且是我生平最亲爱的朋友把他们的生命换出来，他们并不爱惜他自己的生命，但他们想要换得的是一个真的善的美的中华民国。如今生命是送了，中华民国却怎么样？像我这个和他们同生不同死的人，真不知往后要从哪一条路把我这生命献给国家，才配做他们朋友。六年以来，我每一想起，那眼泪便在肚子里倒流，论起当时对于袁世凯做皇帝，真是普天同愤。护国成功，原来是全国民心理所造成，并不是靠一部分几个人之力，但别方面有许多事情，我知道得不十分正确，而且为时间所限，不能多说，现在只好把我所亲历的事情中之一部分忍着痛和诸君说说吧。

提起今天的纪念，人人都该联想到那位打倒袁皇帝的英雄蔡公松坡——即蔡锷。蔡公许多事业，或者诸君都还知道，不必我细说，只说我和他的交情，我二十四岁时候，在湖南时务学堂讲学，蔡公那年才十六岁，是我四十个学生里头最小的一个。我们在一块儿做学问不过半年，却是人格上早已融成一片。到第二年就碰着戊戌之难，我亡命到日本，蔡公和他的同学十几个人，不知历尽几多艰辛，从家里偷跑出来寻我。据我后来所知道的，他从长沙到了上海的时候，身边只剩得二百铜钱（即二十个铜子），好容易到日本找着我了，我和我一位在时务学堂同事的朋友唐才常先生，带着他们十几个人租一间两丈来宽，一楼一底的日本房子同住着，我们又一块儿做学问，做了差不多一年。我们那时候天天摩拳擦掌要革命，唐先生便带着他们去实行，可怜赤手空拳的一群文弱书生，哪里会不失败？我的学生就跟着唐先生死去大半。那时蔡公正替唐先生带信到湖南，幸免于难；此外还有近年在教育界很尽些力的范源廉君，也是那十几个学生里头漏网的一个。蔡公旧名本是艮寅两个字，自从那回跑脱之后，改名蔡锷，投身去学陆军，毕业后在云南带兵，辛亥革命时在云南独立，做了两年都督，这是蔡公和我的关系以及他在洪宪以前的历史大概。

民国三年春天，蔡公把都督辞掉回到北京。他辞都督，并非有人逼着他辞，云南人苦苦挽留，中央也不放他走，但蔡公意思：一来因为怕军人揽政权，弄成藩镇割据局面，自己要以身作则来矫正它；二来因为他对外有一种怀抱，想重新训练一班军官对付我们理想的敌国；三来也因为在云南两年太劳苦了，身子有点衰弱，要稍为休息休息。他前后写了十几封信和我商量，要我帮他忙把官辞掉，于是我们在北京常在一块儿又一年。当时很有点痴心妄想，想带着袁世凯上政治轨道，替国家做些建设事业。我和我一位最好的朋友——也是死于护国之役的——汤公觉顿，专门研究财政问题，蔡公专门研究军事问题，虽然还做我们的学问生活，却是都从实际上积经验，很是有趣。

民国三年年底，袁世凯的举动越看越不对了，我们觉得有和他脱离关系之必要。我便把家搬到天津，我自己回广东去侍奉我先君，做了几个月的乡间家庭生活，那年阴历端午前后，我又出来到南京玩耍，正值冯华甫做江苏将军，他和我说，听见要办帝制了，我们应该力争，他便拉我同车入京见袁世凯，着实进些忠告。不料我们要讲的话，袁世凯都先讲了，而且比我们还痛切，于是我们以为他真没有野心也就罢了。华甫回南京做他的官，我回天津读我的书，过了两个多月——我记不清楚是哪一天——筹安会闹起来了，筹安会发表宣言的第二日，蔡公从北京搭晚车来天津，拉着我和我们另外一位亲爱的朋友（这个人现还在着，因他不愿意人家知道他，故我不说他的姓名）同到汤公觉顿寓处，我们四个人商量了一夜，觉得我们若是不把讨贼的责任自己背在身上，恐怕中华民国从此就完了。因为那时旧国民党的人都已逃亡海外，在国内的许多军人文人都被袁世凯买收得干干净净。蔡公说：“眼看着不久便是盈干累万的人颂王莽功德，上劝进表，袁世凯便安然登其大宝，叫世界看着中国人是什么东西呢？国内怀着义愤的人虽然很多，但没有凭借，或者地位不宜，也难发手。我们明知力量有限，未必抗他得过，但为四万万人争人格起见，非拼着命去干这一回不可。”于是我们商量办法，唯一的实力就是靠蔡公在云南贵州的旧部，但是按到实际上，有好几个困难问题：第一层，这件事自然非蔡公亲自到云南去不可，但不能等蔡公到了过后慢慢地去集合旧部，如此，一定事机泄露，闹不成功，所以一面要蔡公先派人去，一面要打电报把重要的人叫来，这里头非费三个月以上的日子不可；第二层，我和蔡公的关系是人人知道的，然而我们两个人讨贼所用的武器各各不同，蔡公靠的是枪，我靠的是笔，帝制派既已有了宣言，我其势不能不发表反对的文字，但我的文字发表之后，便是我们的鲜明旗帜已经打出来，恐怕妨害蔡公的实力行动。我们再四商量的结果，只有外面上做成蔡公和我分家的样子。于是过了几天，我在天津便发表了一篇万多字的文章，题目叫作《异哉所谓国体问题者》，蔡公在北京即联合好些军官作赞成帝制的表示，他在北京到处逢人便说：“我们先生是书呆子，不识时务。”那些袁党的人便问他你为什么不劝你先生？他说：“书呆子哪里劝得转来，但书呆子也不会做成什么事，何必管他呢。”当时蔡公这种办法，诚不免是带些权术作用，但不是如此，事情便做不成，所以不得不行权术。袁世凯总算一位有眼力的人，他看定了当时最难缠最可怕的就是我和蔡公师弟两个。当我那文章还没有发表以前，有一天他打发人送了十万块钱一张票子和几件礼物来，说是送给我们老太爷的寿礼，他太看人不起了，以为什么人都是拿臭铜钱买得来。我当时大怒，几乎当面就向来人发作，后来一想，我们还要做实事。只好忍着气婉辞谢却，把十万块钱璧回，别的礼物收他两件，同时却把那篇作成未印的稿子给来人看，请他告诉袁世凯采纳我的忠告，那人便垂头丧气去了。蔡公那方面，虽然在军官赞成帝制的文章上亲笔签过名，袁世凯到底不放心他。有一天蔡公家里出了盗案了，有四五个衣服很整齐的人带着手枪来抢劫，但是奇怪，什么东西都没有抢去，只是翻箱倒箧像要搜查什么书籍纸片之类，结果搜不出什么，空手走了。后来我们才知道是袁世凯派来要偷蔡公的电报密码本子，可惜他脑筋发动得迟慢，蔡公早已防备到这一招，在一个礼拜前已经把几十部密码带到天津放在我的卧房里头了。袁世凯一面发气，一面恐怕露马脚，过几天便把那几个钦派强盗枪毙灭口了。

我们在这几个月里头，天天和袁世凯钩心斗角，把我们一群心直口直的书生也弄成很深的城府。侦探是常常二三十个跟着我们，我们却不能不常常会面，蔡公总是每礼拜跑一趟天津，因为要避袁党注意起见，我们在一块儿便打牌吃花酒，做成极腐败的样子。几个月过后，袁世凯看着这两个人真没有什么可怕了，九、十月间，蔡公叫出来的人都到了，又打发回去了。十一月底，蔡公便托病——其实亦是有病，入天津某医院住着，等到袁世凯几趟派来问病的人拿了医生诊断书回去，蔡公便一溜溜到我家里，搭船去日本长崎，会他派去云南又从云南再出来迎接他的一个人（这人是一位师长，现在已经出家做和尚，在南京跟着欧阳竟无先生学佛）。我为什么一向守在天津不走动呢？头一件因为办事秘密机关在我家里，我不能走开；第二件因为我一走动，怕袁世凯加意防范蔡公，蔡公便到不了云南。我们这几个月刻刻当心，一直到十二月二号，蔡公才能跑脱，我们约定扣准日子，蔡公到云南的时候，我便到上海。我们分手的时候，约定两句话：成功呢，什么地位都不要，回头做我们的学问；失败呢，就死，无论如何不跑租界，不跑外国。蔡公走了十日后，我也悄悄地搭船往大连，由大连转上海。蔡公走了，他家里完全不知道，天天打电话来问我要人，我只好拿别的话支吾过去。我临走的前一点钟，去和我的夫人作别，把事情大概告诉他，我夫人说："我早已看出来了，因为你不讲，我当然也不问你。"她拿许多壮烈的话鼓励我勇气，但我向来出门，我夫人没有送过我，这回是晚上三点钟，她送我到大门口，很像有后会无期的感想。可怜袁世凯派下来几十个饭桶侦探，头一回把蔡锷放跑，第二回把梁启超放跑，他们还睡觉呢，听说后来都枪毙了。我临动身的时候，把我预备好的讨贼檄文和电报等都交给一位朋友，云南今天起义，明天北京、天津、上海中西文报纸都一齐登出来，和原文一字不差。听说袁世凯后来看见气极了，说："自己一世做人聪明伶俐，不料这回被梁启超、蔡锷装在鼓子里头。"

蔡公十二月十九日到云南省城，我十八日也到上海。云南军界都是蔡公旧部，况且又经几个月布置，自然根本上没有多大问题，但到了临时，也不免言庞事杂，几乎发动不成。我在上海接到蔡公一封"皓电"后，一连几日别无消息。那时我们又不能打密电去问，只有干着急。还好，南京的冯华甫很和我们表同情，我托他帮我打封电报去，这是二十二日的事，这封电报却有非常的效力，因为这电报是我和蔡公约的密码，由南京一等印电发去，他们以为我这个人已经在南京，冯华甫准备着就要响应了。二十五日下午，蔡公拿我的电文当众宣布，当场就把现成作好的反对帝制的檄文用电报打出来，就是今日所纪念的护国之役历史的发端了。

我们这几个月的计划，本来预定举义后半个多月，我们的兵便到重庆。料定袁世凯调将遣兵抢不过我们的先着，但起义后有许多意外的障碍，我现时也不忍多说，总之因为这种障碍，弄到蔡公要从大理府一带调兵，耽搁了十来天的日子；而且好的兵都留在省城，蔡公所能带到前敌的只是二等以下的兵、二等以下的军械。因为这种障碍，本来应该在重庆宜昌一带和袁军决胜负的，闹到在叙州泸州一带被敌人堵截我们。那时洪宪皇帝那边的主将便是现在候补大总统曹锟，带着张敬尧、吴佩孚一班人，手下十几万器械精良、粮食充足的军队。可怜我们最敬爱的蔡公带着不满五千人的饥疲之众，和他们相持几个月。讲到军事吗，我是外行，一点说不出来。但我所知到的，蔡公四个月里头，平均每日睡觉睡不到三点钟，吃的饭是一半米一半沙硬吞，他在万分艰难、万分危险中能够令全军将官兵卒个个都愿意和他同生同死，他经过几回以少击众之后，敌人便不敢和他交锋，只打算靠着人多困死他、饿死他。到后来，他的军队几乎连半饱都得不着了，然而没有一个人想着退却，都说我们跟着蔡将军为国家而战，为人格而战，蔡将军死在哪里，我们也都欢欣鼓舞地死在哪里。哎，我真不知蔡公的精神生活高尚到什么程度，能够令他手下人人都感动到如此。

说到这里，我们要把蔡公一方面的事暂行搁起，说说各方面情形。蔡公在北京时候找出来商量大事的人，除了云南军官以外，最重要的是前任贵州省长戴公循若。戴公本来是一位学师范的文人，辛亥革命时在贵州起义，后来做了省长，是一位极有肝胆极有才略的人。他从十月间就到北京，受了蔡公命令回贵州布置，云南起义后二十多天，他就把贵州响应起来。他带着一支军队出到洪江，和蔡公犄角，当时和他相持者就是吴佩孚，像他这样一位文弱书生，用些残兵弱卒和现在鼎鼎大名的第一流军人能相持许久，我们可以想象他的人才和人格了。后来戴公做了四川督军，被安福党人刘存厚戕害，这是后话，姑且不提。且说自从云南起义后三个多月，除贵州以外，没有一省响应，蔡公军又围困在泸州，朝不保夕。袁世凯看着我们这些跳梁小丑指日可平，早已大踏步坐上皇帝宝座去了。我们在上海真是急得要死，自己觉着除了以身殉国外，没有第二条路了。我自己是天天做文章鼓吹，还写了许多信致各省的将军们，也没什么功效，当时态度最不明了的就是广西的陆君荣廷，我们所盼望第三省的响应，也只有这一处。我写了一封很沉痛的信给他，陆君本来是久怀义愤，或者我这封信有点子帮助也未可定。到三月中旬，陆君忽然派一位姓唐的军官带着他的亲笔信来找我，要我到广西去他才独立，我早上到，他晚上发表；晚上到，他早上发表。我们得着这个消息，真是喜从天降，我一点不迟疑答道："我立刻就去。"但是怎么样去法呢？当时袁皇帝"捕拿梁启超就地正法"的上谕早已通行各省，我经过广东到广西是万万不行的，只有走安南的一条路。当时香港政府是替袁皇帝出力的，我差不多连香港一关也过不去，加以我上海的寓所中前后左右都是侦探围绕，我几乎一步不能出门，我一面筹划我去的方法，一面请我们在北京头一天商量大计的朋友汤公觉顿先到陆君那里帮他的忙，俗语说得好：天下无难事，只怕有心人。我广西到底去成了，我想法子从上海搭船到香港，我是蹲在煤炭房的旁边，我下了船后，上海侦探才知道，打电报到香港，香港政府派人来搜船，也搜我不着。我又设法偷搭一只装货船到了安南，安南本来有我们设立的一个通信机关，我以为到了那里搭火车入广西很容易了，哪知道到了过后，各车站中已经有我的相片，到处截拿。我只好坐一段车，坐一段船，走一段路，三天工夫才到镇南关入广西境。在这个期间内，我自己碰着一件终天大恨的事，唉，我先君因病过去了，那时候我正蹲在香港船煤炭房里头，哀哉！哀哉！我从此便永远为无父之人了。可怜我的朋友都瞒着不给我知道，我在广西怕老太爷担心，三天五天一封禀帖去报平安，唉，讲什么国家大事，我简直不是个人了。

陆君荣廷到底是好汉。我的朋友汤公到了南宁，并报告我已经起程，陆君并不等我到步，三月十五日已经把广西独立了。三月二十六日我才到南宁，广西问题解决之后，再进一步，就是广东问题。那时广东的将军是龙济光：袁世凯封他做亲王，正在高兴得很。我们想不把广东拿过来，到底不能达讨贼的目的。龙济光因大势的压迫，渐渐拿出模棱态度和我们通殷勤，有电报到广西，请派人来商量。当时汤公激于义愤，自己担负这个责任，跑到广州和龙济光痛陈利害一日一夜，四月初九日居然把广东独立的电报打了出来。那时龙济光左右都是帝制党人，他自己就没有诚意，哪里经得起别人的恐吓呢？到了明天，他便变起卦来，说是要在海珠开善后会议，把汤公和我们在广东共事最得力的朋友，一位是警察厅长王公广龄，一位是陆军少将谭公学夔，一齐请去，门外是大兵重重围住，开议不到一会儿，龙济光部将凶贼颜启汉等拿出手枪向汤公、王公、谭公狙击，惨哉！惨哉！这几位忠肝热血，足智多谋的仁人志士竟断送在一群草寇手里头。

我们在广西得着凶报，痛愤自不待言，便连日连夜带着大兵，从梧州顺流而下，到了肇庆。肇庆镇守使李君耀汉欢迎我们，我和陆君就在肇庆和龙济光相持。过了几日，岑君春煊也从上海跑来了，听说孙君逸仙也从外国回到上海，他手下的健将陈君炯明，也在惠州起兵响应我们。龙济光着急了，派人到我们那里谢罪，但是他的靠不住谁也知道的。当时我们手下的人个个摩拳擦掌，说非打广东不可，但我和陆君全盘打算，彻底商量，蔡公正陷在重围，再下去个把月眼看着要全军覆灭，我们把广西独立原是想出兵湖南，牵制敌势，令根本问题早日解决。若是粤桂开起仗来，姑无论没有必胜的把握，就令得胜，也要费好些时日；而且精锐总损伤不少，还拿什么力量来讨贼？岂不是令袁世凯拍掌大笑吗。论理，汤、王、谭三公，都是我几十年骨肉一般的朋友，替他们报仇的心，我比什么人都痛切，但我当时毅然决然主张要忍着仇恨和龙济光联和，但是联和吗，他要来打我们又怎么办呢？我说非彻底叫龙济光明白利害，死心塌地跟我们走不可。有什么方法叫他如此呢？我左思右想，想了一日一夜，除非我亲自出马，靠血诚去感动他，当时我就把我这意见提出来，我的朋友和学生，跟着我在肇庆的个个大惊失色，说这件事万万来不得。有几位跪下来拦我，但我那时候，天天接着蔡公电报，形势危在旦夕，我觉得我为国家为朋友都有绝大的责任，万万不能躲避；而且我生平不知为什么缘故，有一种自信，信我断不会横死，信我一定有八十岁命。当时无论何人也拦我不住，我竟自搭车跑广州去了。我到了沙面，打电话告诉龙济光说我来了，要会他，龙济光也吓一大惊，跟着我就一乘轿子跑上观音山去了。我和龙济光苦口婆心地谈了十几点钟。还好，他像是很心悦诚服的样子，到第二天晚上，他把许多军官都聚起来，给我开欢迎会，个个都拖枪带剑，如狼似虎的几十人，初时还是客客气气的啊啊，酒过三巡，渐渐来了，坐在龙济光旁边一员大将，后来我才知道他名字叫作胡令萱，在那里大发议论，起首骂广东民军，渐渐骂广西军，渐渐连蔡公和护国军都骂起来了，鼓起眼睛盯着我，像是就要动手的样子。龙济光坐在旁边，整劝少说话，我起初是一言不发，过了二十分钟过后，我站起来了。我说：“龙都督，我昨夜和你讲的什么话，你到底跟他们说过没有。我所为何来，我在海珠事变发生过后才来，并不是不知道你这里会杀人，我单人独马、手无寸铁跑到你千军万马里头，我本来并不打算带命回去。我一来为中华民国前途来求你们帮忙；二来也因为我是广东人，不愿意广东糜烂。所以我拼着一条命来换广州城里几十万人的安宁，来争全国四万万人的人格，既已到这里，自然是随你们要怎样便怎样……”我跟着就把全盘利害给他们演说了一点多钟。据后来有在座的人说，我那时候的意气横厉，简直和我平时是两个人，说我说话的声音之大，就像打雷；说我一面说，一面不停地拍桌子，把那满座的玻璃杯都打得叮当作响。我当时是忘形了，但我现在想起来，倘若我当时软弱些，倒反或者免不了他们的毒手。我气太盛了，像是把他们压下去，那位胡令萱悄悄跑了，此外的人，像都有些感动，散席后，许多位来和我握手道歉，自从那一晚过后，广东独立没有什么问题了。第三天我就回肇庆，陆君也带着兵出湖南去了。

以后湖南、浙江都陆续独立，四川那边形势松得多了。过了些日子，接着冯华甫的电报，要我来上海商量解决大局方法，我五月初旬回到上海，我的兄弟和我的女儿从天津来接我，住定了两日，才把老太爷的事告诉我。我魂魄都失掉了，还能管什么国家大事，从此我就在上海居丧，连华甫也不便来和我商量了。过了二十多天，袁世凯气愤身亡，这出戏算是唱完。

共和恢复了，黎总统就任了，当下任命蔡公做四川督军兼省长。蔡公本来说过：成功不争地位，而且这几个月过的日子，不是人过的。他本来已经有病的人，到这时更病到不成样子，所以他无论如何不肯做这官，急急要将兵权交出来，自己去养病。但一来因为自己的军队要收束；二来因为四川秩序要维持，他还扶着病亲自到成都住了二十天，把各方面情形都布置停妥。当时政府无论如何不许他辞，四川人烧着香拦着路不准他走，他到底毅然决然走了。他到上海时候，我会着他，几乎连面目也认不清楚，喉咙哑到一点声音也没有，医生都看着这病是不能救了。北京政府接二连三派人欢迎他，他也不去，在上海住了几天，就到日本养病，十一月七号，这位民国恩人便和这个世界长别了。

这回事件，拿国内许多正人君子去拼一个叛国的奸雄袁世凯，拼总算拼下了，但袁世凯的游魂，现在依然在国内纵横猖獗，而且经他几年间权术操纵，弄得全国人廉耻扫地，国家元气断丧得干干净净。唉，纪念云南起义，还有什么纪念？不过留下一段伤心的史料罢了。若说还有纪念价值吗，那么，请纪念蔡公松坡这个人。我们青年倘能因每年今天的纪念，受蔡公人格的一点感化，将来当真造出一个真的善的美的中华民国出来，蔡公在天之灵或者可以瞑目了。

蔡公死了吗？蔡公不死，不死的蔡公啊！请你把你的精神变作百千万亿化身，永远住在我们青年心坎里头。

（《饮冰室合集·文集之三十九》，第五册）

湖南教育界之回顾

今天在此同贵省教育界诸君聚集一堂，我觉有很大的荣幸和感慨。我不是湖南人，更不是湘省教育会中人，但我常觉梁启超的名字与湖南教育界有关系；在湖南同胞或者也有同样的感想，所以我很愿意把从前在湖南所办的教育事业和诸位谈谈。

我来湖南办时务学堂，在二十五年以前，我才满二十四岁。当时中国教育状况，只有北京同文馆、广东的广方言馆，是专造翻译人才的。要想学洋鬼子话当翻译的才去入学，否则是不入这种学堂的。我现每每回想到此，觉得太奇，但那时却视为天经地义。在那时学生除要学洋话外还要求学问的，即是湖南的时务学堂，所以时务学校，不仅在湖南占先进的地位，即在中国也是占先进的地位。

以现在的教育原理和方法看来，那时的教育极幼稚、极可笑。即如时务学堂，只分中文西文两部，中文部设经史等课。西文部设英算等课。所谓“时务学堂”以为是教时务的学术的学堂。校址即在现在小东街的秦豫旅馆，第一班学生四十名，寄宿讲演，都在其内，我是总教席。当时时务学堂的大概情形，就是如此。

不过我觉得与湖南教育界有关系而且于全国教育界有莫大的影响的，在师弟同学问的精神，能够结合一气，一群人都有浓厚的兴味，联合多方面来注重做事。

当时湖南的抚台是陈右铭先生，他是曾文正的门生，当代的大理学家，喜讲宋学和古文，气象庄严而不顽固，对于时局，很热心图谋造成一个新局面。我们以一群青年在他的旗帜下大活动，是很高兴做事的，故朝气很大。他有一位公子陈伯严先生也很喜欢赞助我们，而学台系江建霞、徐仁铸，臬台系黄公度，都是开明的。地方官如此，地方绅士则有熊秉三、谭复生、皮鹿门、欧阳瓣姜诸先生，熊、谭都系青年而有猛进精神，皮和欧阳都是老先生。

那时的青年皆有进取思想，高谈时局，研究满清政权及中国二千年来的专制恶毒。这班青年，都是向这二个目标走。而我们在湘所做的事。分作四项，是：

（一）办时务学堂；

（二）组织南学会：

（三）发刊《湘报》——日报；

（四）发刊《湘学报》——杂志。

南学会，是公开讲演的机关，讲演社会上不以为奇怪的话；时务学堂则专研究怎样贯彻我们的主义。《湘报》与南学会同一作用，

《湘学报》与时务学堂同一作用。那时，我们研究国家政治，亦甚可笑，公然把世界各国分作三等，列为一表，是：

（一）头等国——共和国家；

（二）二等国——君民共主的国家：

（三）三等国——君主专制国。

诸如此类的事很多，不可胜举。在这个时候，做新法运动的青年，皆不认识ABCD……，所说的话，完全由于自造，故有些好，有些是外行。当时更有一个发狂的举动，就是想运动湖南独立。但是怎么能够使湖南独立？对陈右老怎样说起？依照陈伯严所想的办法，由我对陈右老写一封长信，大致说："旅顺、大连湾……都被洋人强夺去了，北京不守，清帝蒙尘，湖南须独立建都，作为留种之地。"此本是我们青年的妄想，陈右老自然不肯依从。但他的心里也很感动，想打主意，救北京政府。这皆是我们二十五年前在湖南的离奇思想和举动。

当时时务学堂学生四十人中，最大的是戴修礼，最少的，是蔡艮寅（即松坡）。所讲的经是《春秋公羊传》。每天除教授这些学术外，学生须预两本札记，发表感想，隔日轮流交教师批评。我就借题发挥，宣传主义。而学生发愤求学，又很守规矩，两三月后，就得舆论赞许。王湘绮先生来考试学生《公羊传》，也颇称赞，以为读书得间。学生因在学堂天天所研究的，都是政治上的学问，所谈论的都是很新奇的理想。过了半年，皆已同化。不过在学堂时，未与外界亲近，校外的人不知内容，故不发生什么影响。及至年假放假后，学生回家发狂似的宣传起来，风声所播，全湘人皆知道了，于是目为大逆不道，有的攻击我们，有的劝诫我们，由是新旧大大开战。南学会《湘报》，平日言论是很和平的，到此时也和社会奋斗起来了。当时王葵阒、叶焕彬皆攻击我们，作我们的劲敌，那种奋斗精神都是我所佩服的。假满开学，学生家庭就不准他们再来时务学堂，而学生与家庭奋斗，比老师与社会奋斗更烈。

我在时务学堂，每天除讲三四点钟的学外，还要同学生谈话，及做种种运动，一天到晚，忙个不了，因此成病。就往上海就医，本拟病好后再回湘讲学。因病好时，北京有维新的动机，我们就乘这个机会把大本营移到北京，我同谭复生先生都到北京去了。

我们去后，两湖总督张之洞要取消时务学堂，陈抚台却极力维持，后因我和谭去了，没有得力的人主持；加以戊戌变法失败，右老去职，复生遇难，秉三被地方官看管，这学堂当然不能永久维持，后改为求实学堂，后又改为高等学堂。

戊戌之役，我亡命日本。时务学堂曾办了三班，第一班四十人吃我的迷药最多，感化最深——第二班，我也教授过，第三班我全未教过——其中有十余人，要到日本来找我。因为家庭不许，他们差不多带宗教性质似的，与家奋斗借钱逃出来，有的到上海，便无钱吃饭的，有的衣服破烂，好像叫花子的。当他们出门时，他们不知我在日本何处，一直跑到上海，打听了我的住址，通信告我，我就想尽方法筹钱接到日本。日间同住在一间房子，继续讲时务学堂的功课外，又学学日本文；晚间共同睡在一个大帐子内。过了八个月，唐拂尘先生在汉口图谋革命，十余同学，回汉帮助，竟不幸死难者八人，余三人，一人后来病死，一是蔡艮寅，一即范静生。吾党元气，在这一次损伤甚大，至今思之，犹觉恸心。

回想我在湖南时的时务学堂，以形式与知识而论，远不如现在的学校；但师弟同学间精神结合联成一气，可以养成领袖人才，却比现在的学校强多了。现在的学校，表面虽好，却如做买卖的杂货店，教师是卖货者，学生是买货者，师弟间不发生关系，造就一班水平线的人才则可，要想造就特别的人才，是难能的。希望以后的湖南教育界注意现在时势的需要，采取新式的完备的办法，却亦不要丢却了以前的精神。

本题原为“湖南教育界之回顾与前瞻”，因为时间匆促，只能略略述完回顾一段，候至教育会，再将前瞻的意思贡献。

（长沙《大公报》，一九二二年九月三日）

旅欧归来后之著述

民国九年春，归自欧洲，重理旧业，除在清华、南开诸校担任功课，及在各地巡回讲演外，以全力从事著述。已印布者有《清代学术概论》约五万言，《墨子学案》约六万言，《墨经校释》约四万言，《中国历史研究法》约十万言，《大乘起信论考证》约三万言。又三次所辑讲演集约共十余万言。其余未成或待改之稿有《中国韵文里头所表示的情感》约五万言，《国文教学法》约三万言，《孔子学案》约四万言，又《国学小史稿》及《中国佛教史稿》全部弃却者各约四万言，其余曾经登载各日报及杂志之文，约三十余万言，辄辑为此编，都合不满百万言，两年有半之精力，尽在是矣。本编殊芜杂，不足齿录，过而存之，借觇异时学力之进退云尔。上卷即《欧游心影录》之一部分，彼书既中辍，录其可存者，分别标题凡八篇。中卷专为研究佛典之著作，内中有《中国佛教史》之一部分，都凡十二篇。下卷研究国史及其他国学之著作，及政治问题诸论文，与夫无可归类者，凡二十七篇，与三次所编讲演集无一从同焉。十一年双十节编定。

（《饮冰室合集·文集之三十九》，第五册）

悼启夫人

悼启者：先室李夫人，实贵筑京兆公讳朝仪之季女，累代清门，家学劭茂。夫人以同治己巳生于永定河署，幼而随任京畿、山左。京兆公薨于位，乃全眷返家园。光绪己丑，尚书苾园先生讳端棻，主广东乡试，夫人从兄也。启超以是年领举注弟子籍，先生相攸结婚媾焉。于是夫人以二十三岁归于我。启超故贫，濒海乡居，世代耕且读，数亩薄田，举家躬耘获以为恒。夫人以宦族生长北地，嫔炎乡一农家子，日亲井臼操作，未尝有戚容。夫人之来归也，先母见背既六年，先继母长于夫人二岁耳。夫人愉愉色养，大得母欢，笃爱之过所生。戊戌之难，启超亡命海外，夫人奉翁姑携弱女避难澳门，既而随先君省我于日本，因留寓焉。启超素不解治家人生产作业，又奔走转徙，不恒厥居，惟以著述所入给朝夕，夫人含辛茹苦，操家政，使仰事俯畜无饥寒。自奉极刻苦而常撙节所余，以待宾客及资助学子之困乏者，十余年间心力盖瘁焉。夫人厚于同情心，而意志坚强，富于常识，而遇事果断，训儿女以义方，不为姑息。儿曹七八人，幼而躬自受读，稍长选择学校，稽督课业，皆夫人任之，启超未尝过问也。幼弟妹三人，各以十龄内外依夫人就学，夫人所以调护教督之者无不至。……至其平日操持内政，条理整肃，使启超不以家事撄心，得专其力于所当务，又不俟言也。呜呼！天佑不终，夺我良伴，何其速耶，何其酷耶！夫人体气至强，一生无病，民国四年冬忽患乳癌。乳癌，诸病中最酷毒者，全世界医家迄今未得其病因及救治法，惟恃割治，割必复发，发至不能割，则束手焉。夫人自得病以来，割既两度，今春再发，蔓及项肋之际，与血管相接，割无所施，沉绵半年，卒以不起。然夫人性最能忍，虽痛苦至剧，犹勉自持。儿子思成、思永卒业清华学校，属当适美留学，恋恋不欲行，夫人虑其失学，挥之使去，曰："吾病无害，能待汝曹归也。"鸣呼！孰谓竟与其爱子长别耶！夫人夙倔强，不信奉任何宗教，病中忽皈依佛法，没前九日，命儿辈为诵《法华》，最后半月病入脑，殆失痛觉。以极痛楚之病，而没时安稳，颜貌若常，岂亦有夙根耶！哀悼之余，聊用慰藉而已。略陈行谊，不敢溢美，海内君子，宠以哀诔，俾塞儿曹哀思，不胜大愿。

（《饮冰室合集·文集之四十四上》，第五册）

我的病与协和医院

近来因为我的病，成了医学界小小的一个问题。北京社会最流行的读物——《现代评论》、《晨报副刊》——关于这件事，都有所论列。我想，我自己有说几句的必要！一来，许多的亲友们，不知道手术后我的病态何如，都很担心，我应该借这个机会报告一下。二来，怕社会上对于协和惹起误会，我应该凭我良心为相当的辩护。三来，怕社会上或者因为这件事对于医学或其他科学生出不良的反动观念。应该把我的感想和主张顺带说一说。

我的便血病已经一年多了。因为又不痛又不痒身体没有一点感觉衰弱，精神没有一点感觉颓败，所以我简直不把它当作一回事。去年下半年，也算得我全生涯中工作最努力时期中之一。六个月内，著作约十余万言；每星期讲演时间平均八点钟内外；本来未免太过了。到阳历年底，拿小便给清华校医一验，说是含有血质百分之七十，我才少为有一点着急，找德国、日本各医生看，吃了一个多月的药，打了许多的针，一点不见效验。后来各医生说："小便不含有毒菌，当然不是淋症之类。那么，只有三种病源：一是尿石，二是结核，三是肿疡物。肿疡又有两种：一是善性的——赘瘤之类；二是恶性的——癌病。但既不痛，必非尿石；既不发热，必非结核；剩下只有肿疡这一途。但非住医院用折光镜检查之后，不能断定。"因此入德国医院住了半个月。检查过三次，因为器械不甚精良，检查不出来，我便退院了。

我对于我自己的体子，向来是很恃强的。但是，听见一个"癌"字，便惊心动魄，因为前年我的夫人便死在这个癌上头。这个病与体质之强弱无关，他一来便是要命！我听到这些话，沉吟了许多天。我想，总要彻底检查；不是它，最好；若是它，我想把它割了过后，趁它未再发以前，屏弃百事，收缩范围，完成我这部《中国文化史》的工作。同时我要打电报把我的爱女从美洲叫回来，和我多亲近些时候——这是我进协和前一天的感想。

进协和后，仔细检查：第一回，用折光镜试验尿管，无病；试验膀胱，无病；试验肾脏，左。肾分泌出来，其清如水；右肾却分泌鲜血。第二回，用一种药注射，医生说："若分泌功能良好，经五分钟那药便随小便而出。"注射进去，左肾果然五分钟便分泌了。右肾却迟之又久。第三回，用X光线照见右肾里头有一个黑点，那黑点当然该是肿疡物。这种检查都是我自己亲眼看得（很）明白的；所以医生和我都认定"罪人斯得"，毫无疑义了。至于这右肾的黑点是什么东西？医生说："非割开后不能预断；但以理推之，大约是善性的瘤，不是恶性的癌。虽一时不割未尝不可，但非割不能断根。"——医生诊断，大略如此。我和我的家族都坦然主张割治。虽然有许多亲友好意地拦阻，我也只好不理会。

割的时候，我上了迷药，当然不知道情形。后来才晓得割下来的右肾并未有肿疡物。但是割后一个礼拜内，觉得便血全清了。我们当然很高兴。后来据医生说："那一个礼拜内并未全清，不过肉眼看不出有血罢了。"一个礼拜后，自己也看见颜色并没有十分清楚。后来便转到内科。内科医生几番再诊查的结果，说是"一种无理由的出血，与身体绝无妨害；不过血管稍带硬性，食些药把他变软就好了"。——这是在协和三十五天内所经过的情形。

出院之后，直到今日，我还是继续吃协和的药。病虽然没有清楚，但是比未受手术以前的确好了许多。从前每次小便都有血，现在不过隔几天偶然一见。从前红得可怕，现在虽偶发的时候，颜色也很淡。我自己细细地试验，大概走路稍多，或睡眠不足，便一定带血。只要静养，便与常人无异。想我若是真能抛弃百事绝对地休息，三两个月后，应该完全复原，至于其他的病态，一点都没有。虽然经过很重大的手术，因为医生的技术精良，我的体子本来强壮，割治后十天，精神已经如常，现在越发健实了。敬告相爱的亲友们，千万不必为我忧虑。

右肾是否一定该割，这是医学上的问题，我们门外汉无从判断。但是那三次诊断的时候，我不过受局部迷药，神志依然清楚；所以诊查的结果，我是逐层逐层看得很明白的。据那时候的看法，罪在右肾，断无可疑。后来回想，或者他"罪不至死"或者"罚不当其罪"也未可知，当时是否可以"刀下留人"除了专门家，很难知道。但是右肾有毛病，大概无可疑。说是医生孟浪，我觉得是冤枉。

"无理由的出血"这句话，本来有点非科学的。但是我病了一年多，精神如故，大概"与身体无妨害"这句话是靠得住了。理由呢，据近来我自己的实验，大概心身的劳动，总和这个病有些关系。或者这便是"无理由的理由"。

协和这回对于我的病，实在很用心。各位医生经过多次讨论，异常郑重。住院期间，对于我十二分恳切，我真是出于至诚地感谢他们。协和组织完善，研究精神及方法，都是最进步的，他对于我们中国医学的前途，负有极大的责任和希望。我住院一个多月，令我十分感动，我希望我们言论界对于协和常常取奖进的态度，不可取摧残的态度。

科学呢，本来是无涯涘的。牛顿临死的时候说，他所得的智识，不过像小孩子在海边拾几个蚌壳一般，海上的“宗庙之美，百官之富”，还没有看到万分之一。这话真是对。但是我们不能因为现代人科学智识还幼稚，便根本怀疑到科学这样东西。即如我这点小小的病，虽然诊查的结果，不如医生所预期，也许不过偶然例外。至于诊病应该用这种严密的检查，不能像中国旧医那些“阴阳五行”的瞎猜。这是毫无比较的余地的。我盼望社会上，别要借我这回病为口实，生出一种反动的怪论，为中国医学前途进步之障碍。——这是我发表这篇短文章的微意。

（《晨报·副刊》，一九二六年六月二日）

北海谈话记

先生每于暑期将近时，约同学诸君做北海之游，俯仰咏啸于快雪浴兰之堂，亦往往邀名师讲学其间。去年夏宝山张君劢先生因事来京，为诸同学讲宋贤名理，盖穆然有鹅湖、鹿洞之遗风焉。今夏复赓盛游，以时故，诸贤因不能莅止，先生恐无以孚此嘉会，故自述此篇，以为诸同学之勉策云尔。弟子海宁吴其昌。

今天本想约一二位朋友来演讲的，但是都不能来，故只好自己稍谈几句。现在一学年快完了，自己在学校内一年以来，每星期除了在讲堂上与同学会面外，其余接谈时间已不能多，暑期以后，有许多同学，不能再来了，即能再来，也暂时有三四月的分别，所以借此地，约大家来玩玩。本来此地是风景最美的地方，也可以说是我们的先后同学的一个纪念的地方。

大约三十多年前，我二十余岁，在长沙，与几位同志办了个时务学堂。我教过的学生先后有两班，每班各四十人，办了一年多，遇着戊戌政变，学堂解散了。第一班同学中有位蔡松坡，那时他只有十余岁，在班中算是年龄最轻的。想起三十年前事，令我很有感触；那时算是中国最初办的学校，功课简陋得可笑：但我现在回忆，还是非常有兴趣；因为人数很少，所以感情易融洽；而功课简单，也就有简单的好处。现在学校功课是多极了，试问学生终日忙忙于机械的训练中，哪有深造自得的机会？在那时功课是很少的，而同学也就各专习一科，而且精神非常团结。同学们都成了极好的朋友，共了多少次患难，几十人，几乎变成了一人。功课因专做一两门，精力集中，故比较地能深造，最少可以说物质的，功利的观念，比现在不知浅薄多少。当时同学于“书本子”学问之外，大家对于“做人”的方法，非常注意，所以后来人才很多。

蔡松坡在全班四十人中，也算是高才生之一，当时的评价：最好的是李炳寰，其次是林圭，蔡松坡可以轮到第三。李、林二人，都是于庚子革命之役殉难了。那一役主持的人是时务学堂教员唐佛尘先生才常，他是中国第一次革命的领袖，成仁于汉口，我们同学随同殉难的有二十多人，与唐先生同为中国第一次革命的牺牲者。那时因蔡松坡年纪还小，唐先生不许他直接加入革命事务，叫他带信到湖南给黄泽生先生。黄先生是当时在湖南带领新军的，他是罗忠节公的再传弟子，生平一切私淑罗忠节公；他虽然和我们同志，却认为时机未到，屡劝唐先生忍耐待时。他不愿意蔡松坡跟着牺牲，便扣留着不放他回去。松坡当时气愤极了，后来汉口事完全失败，黄先生因筹点学费，派松坡往日本留学。从日本回来，方入政界，卒至为国劳瘁而死；于护国之役这一次，总算替国家办了点事业。他死的时候，不过三十五岁，假使他多活十年，也不过四十五岁，至少国内局面，比今天不同一点。

当时我们看松坡，也不过是个好学的小学生罢了；他自己也想不到后来为国家的人才。一个人将来是什么样人谁也不能料定的，此不独蔡松坡为然，例如：诸葛武侯在隆中的时候，曾文正公在四十岁以前，胡文忠公三十五六岁以前，他自己也就没有料到将来会做这样伟大的事。不过国家需要人才，那是时时需要的，而人们当时时准备着，以供国家的要求。遇到相当的机会，便立刻可以替国家服务。所谓事业也不必一定限定于政治的军事的，才可算事业；所以一个人，能抱定为国家服务的意旨，不会没有建设的。就怕自家没有准备着，则机会来了，当然只有放弃的，所以我们当修养着，自己认清自己的责任。

反观现在的学校，多变成整套的机械作用：上课下课，闹得头昏眼花；进学校的人，大多数除了以得毕业文凭为目的以外，更没有所谓意志，也没有机会做旁的事情，有志的青年们，虽然不流于这种现象，也无从跳出圈套外。于是改造教育的要求，一天比一天迫切了。我这两年来清华学校当教授，当然有我的相当抱负而来的：我颇想在这种新的机关之中，参合着旧的精神。吾所理想的，也许太难不容易实现：我要想把中国儒家道术的修养来做底子，而在学校功课上把他体现出来。在已往的儒家各个不同的派别中，任便做哪一家，那都可以的，不过总要有这类的修养来打底子；自己把做人的基础，先打定了。吾相信假定没有这类做人的基础，那么做学问并非为自己做的。至于智识一方面，固然要用科学方法来研究，而我所希望的是：科学不但应用于求智识，还要用来做自己人格修养的工具。这句话怎么讲呢？例如当研究一个问题时，态度应如何忠实，工作应如何耐烦，见解要如何独立，整理组织应如何治理而且细密……凡此之类，都一面求智识，同时一面即用以磨炼人格，道德的修养，与智识的推求，两者打成一片。现世的学校，完全偏在智识一方面，而老先生又统统偏在修养一边，又不免失之太空了，所以要斟酌于两者之间。我所最希望的是：在求智识的时候，不要忘记了我这种做学问的方法，可以为修养的工具；而一面在修养的时候，也不是参禅打坐的空修养，要如王阳明所谓在“事上磨炼”。

事上磨炼，并不是等到出了学校入到社会才能实行！因为学校本来就是一个社会，除方才所说用科学方法做磨炼工具外，如朋友间相处的方法，乃至一切应事接物，何一不是我们用力的机会。我很痴心，想把清华做这种理想的试验场所。但照这两年的经过看来，我的目的，并非能达到多少。第一个原因，全国学风都走到急功近利及以断片的智识相夸耀，谈到儒家道术的修养，都以为迂阔不入耳，在这种雾团之下，想以一个学校极少数人打出一条血路，实在是不容易。第二件，清华学校自有他的历史，自有他的风气，我不过是几十位教员中之一位，当未约到多数教员合作以前，一个人很难为力的。第三件，我自己也因智识方面嗜好太多，在堂上讲课与及在私室和诸君接谈时，多半也驰惊于断片的智识，不能把精神集中于一点。因为这种原因，所以两年来所成就，不能如当初的预期。

我对于同学诸君，尤其万分抱歉。大学部选修我的功课的，除了堂上听讲外，绝少接谈的机会，不用说了，就是在研究院中，恐怕也不能不令诸君失望。研究院的形式，很有点像道尔顿制的教育，各人自己研究各人的嗜好，而请教授指导指导。老实说，我对于任何学问，并没有专门的特长，所以对于诸同学的工作，中间也有我所知道的，我当然很高兴地帮帮他们的忙；也许有我们同学的专门工作，比我还做得好，这倒不是客气话。外国研究院中的教授，于很隘小范围内的学问，他真个可以指导研究，而除此隘小范围以外，他都不管：而我今日在研究院中的地位，却是糟了！同学以为我什么都懂得，所以很亲密地天天来请教我；而我自己觉得很惭愧，没有充分帮助。不过，虽然如此，而我的希望，仍是很浓厚着，仍努力继续下去。什么希望呢？假定要我指导某种学问的最高境界，我简直是不能，可以说，我对于专门学问深刻的研究，在我们同事诸教授中，谁都比我强，我谁都赶不上他；但是，我情愿每天在讲堂上讲做学问的方法。或者同学从前所用的方法不十分对，我可以略略加以纠正。或者他本来已得到方法，而我的方法，可以为相当的补助。这一点，我在智识上对于诸同学可以说是有若干的暗示；也许同学得到我这种的暗示，可以得到做学问的路，或者可以加增一点勇气。

还有一点：我自己做人，不敢说有所成就；不过直到现在，我觉得还是天天想向上。在人格上的磨炼及扩充，吾自少到现在，一点不敢放松。对于诸同学，我不敢说有多少人格上的感化，不过我总想努力，令不至有若干恶影口向到诸同学。诸同学天天看我的起居，谈笑，各种琐屑的生活，或者也可以供我同学们相当的暗示或模范。大家至少可以感觉到这一点：我已有一日之长，五十余岁的人，而自己训练自己的工作，一点都不肯放过，不肯懈怠；天天看惯了这种样子，也可以使我们同学得到许多勇气。所以我多在校内一年，我们一部分同学，可以多得一年的熏染，则我的志愿，已算是不虚了。

现在中国的情形，糟到什么样了！将来如何变化？谁也不敢推测。在现在的当局者，哪一个是有希望的？哪一个帮派是有希望的？那么中国就此沉沦下去了吗？不！决不的！如果我们这样想，那我们便太没志气，太不长进了！现在一般人，做得不好，固然要后人来改正；就是现在一般人，做得很好，也要后人来继续下去。现在学校的人，当然是将来中国的中坚；然而现在学校里的人，准备了没有？准备什么样来担任这个重大的责任？智识才能，固然是要的；然而道德的信仰——不是宗教——是断然不可少的。现在时事，糟到这样，难道是缺乏智识才能的缘故么？老实说：什么坏事情，不是智识才能分子做出来的？现在一般人，根本就不相信道德的存在，而且想把它留下的残余，根本去划除。

我们一回头，看数十年前，曾文正公那般人的修养。他们看见当时的社会也坏极了，他们一面自己严厉地约束自己，不跟恶社会跑，而同时就以这一点来朋友间互相勉励，天天这样琢磨着，可以从他们往来的书札中考见。一见面，一动笔，所用以切磋观摩规劝者，老是这么样坚忍，这么样忠实，这么样吃苦，有恒，负责任……这一些话；这些话看起来是很普通的，而他们就只用这些普通话来训练自己。不怕难，不偷巧，最先从自己做起，立个标准，扩充下去，渐次声应气求，扩充到一班朋友，久而久之，便造成一种风气，到时局不可收拾的时候，就只好让他们这班人出来收拾了。所以曾、胡、江、罗一般书呆子，居然被他们做了这样伟大的事业，而后来成丰以后风气，居然被他们改变了，造成了他们做书呆子时候的理想道德社会了。可惜江公、罗公早死一点，不久胡公也死了，单剩曾文正公，晚年精力也衰了。继曾文正公者，是李文忠公。他就根本不用曾、胡、罗诸人的“道德改造”政策，而换了他的“功利改造”政策。他的智力才能，确比曾文正公强；他专奖励一班只有才能不讲道德的人物。继他而起的，是袁项城，那就变本加厉，明目张胆地专提拔一种无人格的政客做他的爪牙，天下事就大糟而特糟了。顾亭林《日知录》批评东汉的名节，数百年养成不足，被曹操一人破坏之而有余，正是同出一辙呀。

李文忠公，功名之士；以功名为本位，比较以富贵为本位的人，还算好些。再传下去，便不堪设想了，“其父杀人报仇，其子必且行劫”；袁项城就以富贵为本位了！当年曾、胡、江、罗以道德、气节、廉耻为提倡的成绩，遂消灭无遗。可怜他们用了大半世的功力，像有点眉目了，而被李文忠公以下的党徒，根本划除一点也不留，无怪数十年来中国的内乱便有增无已了。一方面又从外国舶来了许多什么党，什么派，什么主义……譬如孙中山先生，他现在已死了，我对他不愿意有什么苛论，且我对于他的个人，也有相当的佩服——但是，孙中山比袁项城总算好得多了。不过，至少也是李鸿章所走的一条路。尤其是他的党派见解：无论什么样的好人，不入他的党，多得挨臭骂；无论什么坏东西，只要一入他的党，立刻变成了很好的好人。固然，国民党的发达，就是靠这样投机者之投机；而将来的致命伤，也都尽在这般人之中，这句话似乎可以断定吧？

现在既然把什么道德的标准，统统破坏无遗；同时，我们解剖现代思想的潮流，就不出这二股范围之外，一是袁世凯派，二是孙中山派；而一方面老先生们，又全不知挽救的方法，天天空讲些礼教，刚刚被一般青年看作笑话的数据而瞧不起他。我们试看曾文公等，当时是什么样修养的？是这样的么？他们所修养的条件：是什么样克己，什么样处事，什么样改变风气……先从个人、朋友、少数人做起，诚诚恳恳，脚踏实地的，一步一步做去；一毫不许放松，我们读曾氏的《原才》，便可见了。风气虽坏，自己先改造自己，以次改造我的朋友，以及朋友的朋友，找到一个是一个，这样继续不断地努力下去，必然有相当的成功。假定曾文正、胡文忠迟死数十年，也许他们的成功是永久了；假定李文忠、袁项城也走这一条路，也许直到现在还能见这种风气呢！

然而现在的社会，是必须改造的！不改造它，眼看它就此沉沦下去，这是我们的奇耻大辱！但是谁来改造它？一点不客气，是我辈！我辈不改造，谁来改造？要改造社会，先从个人做人方面做去，以次及于旁人，一个、二个……以至千万个；只要我自己的努力不断，不会终没有成绩的。江、罗诸公，我们知道他是个乡下先生，他为什么有这样伟大的事业？在这一点上，我对于诸同学，很抱希望。希望什么？希望同学以改造社会风气为各人自己的责任。

至于成功吗？是不可说的。天地一日没有息；我相信我们没有绝对成功的一日。我们能工作一部分，就有一部分的成绩，最怕是不做。尤其我们断不要忘了这句话：社会坏，我们切不要“随其流而扬其波，哺其糟而啜其醴”。不然，则社会愈弄愈坏，坏至于极，是不堪设想的。至少我有一分力量，要加以一分的纠正。至于机会之来不来，是不可说的；但是无论有没有机会，而我们改善社会的决心与责任，是绝对不能放松的。所以我希望我们同学不要说：“我的力量太小。”或者说：“我们在学校里，是没有功夫的。”实际上，只要你有多少力量，尽多少责任就得。至于你无论在什么地方，总是社会的一分子，你也尽一分子的力，我也尽一分子的力，力就大了。将来无论在政治上，或教育上，或文化上，或社会事业上……乃至其他一切方面，你都可以建设你预期的新事业，造成你理想的新风气，不见得我们的中国就此沉沦下去的。这是对于品格上修养的话。

至于智识上的修养——在学问著述方面，改造自己，那么因我个人对于史学有特别兴趣，所以昔时曾经发过一个野心，要想发愤从新改造一部中国史。现在知道，这是绝对不是一个人的力量所可办到的。非分工合作，是断不能做成的。所以我在清华，也是这个目的：希望用了我的方法，遇到和我有同等兴味的几位朋友，合起来工作，忠实地切实地努力一下。我常常这样地想：假定有同志约二三十人，用下二三十年工夫去，终可以得到一部比较好的中国史。我在清华二年，也总可说已经得到几个了；将来或聚在一块，或散在各方，但是终有合作的可能。我希望他们得我多少暗示的帮助，将来他们的成绩比我强几倍。

归纳起来吧！以上所讲的有二点：

（一）是做人的方法——在社会上造成一种不逐时流的新人。

（二）是做学问的方法——在学术界上造成一种适应新潮的国学。

我在清华的目的如此，虽不敢说我的目的已经满足达到，而终已得了几个很好的朋友，这也是使我自己可以安慰自己的一点。

今天，是一年快满的日子了，趁天气清和时候约诸同学在此相聚，我希望在座的同学们，能完全明了，了解这二点——做人，做学问——而努力向前干下去呀！

还有与朋友之间，最好是互相劝导切磨，所谓“相观而善”。一个人生平不得到一个很好的朋友，他的痛苦，比鳏寡孤独还难过；但是朋友可以找出来的，还可以造出来的。我去改造他，他来改造我。一方面可以找朋友，一方面可以造朋友。所以无论何人，终该要有朋友的，然而，得好朋友，是何等不容易啊？得到了朋友，要看古人对于朋友如何的劝磨，如何的规正；最少不要像现在“功利派”利害的结合：因了一点无聊的纠葛，或者互相团结，或者互相闹翻，日后想起来，只有可笑，没有话说。我情愿我们同学中永远不会发生因一点无聊的事情，而感情发生裂痕，类似这一类的事实，我情愿吾们同学大家以至诚相待，不忘了互相改造与策勉，亲密到同家人父子兄弟一样，那是何等痛快！因为朋友是很难得的，日后散了，回想当时聚在一起做学问的快活，是不能再得的了！

我今天所讲的话，很无伦次，本来不过既然约诸位到此地来玩，随便谈谈罢了。不过，总可算是很真挚的话。

（《清华学校研究院同学录》，一九二七年初夏）